藤の木小学校
未来の学びへの挑戦

フューチャースクール推進事業・
学びのイノベーション事業
実証研究校の歩み

著者：広島市立藤の木小学校
監修：堀田龍也

Contents

監修者の言葉　玉川大学教職大学院教授　堀田龍也 ……… 04

学習者用デジタル教科書の可能性を示した藤の木小学校　信州大学教授　東原義訓 ……… 05

「未来の学びへの挑戦」の発行にあたって　広島市立藤の木小学校校長　森川康男 ……… 06

藤の木小学校の挑戦　広島市立長束小学校校長　堀　達司 ……… 07

> **コラム**　「新たな学習環境を使うパイオニア」藤の木小学校に寄せて
> 　　　広島市立大学大学院教授　前田香織 ……… 11

1章　藤の木小学校の紹介

1　藤の木小学校の風景 ……… 14
- 広島市立藤の木小学校と広島市の取組
- 校訓「心たくましく　学びたしかに」
- 知を育む
- 徳を耕す
- 体を鍛える

2　教育の情報化の歩み ……… 18
- 戦略1　藤の木小学校スタンダード
- 戦略2　新たな授業研究スタイル
- 戦略3　保護者・地域の方々との連携

3　藤の木小学校の新たな風景 ……… 22
- 児童
- 教師
- 学校
- 保護者・地域

4　藤の木小学校のICT環境 ……… 26
- 主なハードウェア
- 主なソフトウェア

> **コラム**　フューチャースクール藤の木小学校に寄せて
> 　　　北海道大学教授　蛯子准吏 ……… 29

2章　藤の木小学校の授業

1　目指す授業 ……… 32
- 研究主題　学びのスタンダード
- 授業過程モデル
- つながる発言レベル

2　授業を支える研修 ……… 37
- ICTリテラシー向上研修
- 授業研究　研修実施における留意点

> **コラム**　フューチャースクール藤の木小学校に寄せて
> 　　　広島県立教育センター指導主事　野上真二 ……… 40

3　授業を支えるICT支援員 ……… 41
- ICT支援員の仕事
- ICT支援員の仕事内容の変化
- ICT支援員として心がけていること　これからのICT支援員

> **コラム**　地域に住むICT支援員として
> 　　　広島市ICT支援員　岡本眞理子
> 　私にとってフューチャースクールとは
> 　　　フューチャースクールICT支援員　峯島崇征 ……… 44

4 公開研究会 ……… 45
    平成 23 年度
    平成 24 年度

> **コラム** ICT 活用による学びの充実
> 　　　　　　広島文教女子大学教授　髙橋泰道 ……… 53

    平成 25 年度

3章　ICT 活用実践例

1　IWB（インタラクティブ・ホワイト・ボード）編 ……… 58
   1. 実物投影機を活用したノート指導
   2. 実物投影機を活用した裁縫指導
   3. 国語の指導者用デジタル教科書の授業例
   4. 社会の指導者用デジタル教科書の授業例
   5. 算数の指導者用デジタル教科書の授業例
   6. 理科の指導者用デジタル教科書の授業例
   7. 書写の指導者用デジタル教科書の授業例
   8. 挿絵提示で文章読解の支援
   9. クリックする操作でワーキングメモリーを鍛える
   10. デジタル歌詞カードを使った歌唱指導
   11. フラッシュ型教材の活用
   12. デジタル顕微鏡で微生物の拡大
   13. IWB を使って生活指導の見える化
   14. 係活動支援
   15. ソフトを活用した避難訓練

2　TPC（タブレット PC）編 ……… 86
   1. 筆算の仕組みを理解するデジタルブロックの活用
   2. 記事の組み合わせ操作で意図を読み取る
   3. 地域教材を集めたデジタル資料集
   4. TPC を使った楽器の個人練習
   5. ソフトを活用した漢字と計算の反復練習
   6. タイピング指導
   7. レイヤー機能を活用した写生の練習
   8. 多様な考えに対応できるヒントシート
   9. TPC を活用した体操個別練習
   10. 動画を使った調べ学習
   11. オリジナルリンク集を使った調べ学習
   12. 情報モラルの指導
   13. 学習者用デジタル教科書の三機能を活用した授業例
   14. 学習者用デジタル教科書のシミュレーションを活用した授業例
   15. 学習者用デジタル教科書の動画を活用した授業例
   16. 学習者用デジタル教科書のリンク集を活用した実践
   17. 1 年生への TPC 指導
   18. タイピング練習促進のための環境作り
   19. 家庭学習で活用する TPC

3　その他 ……… 124
   1. 学校朝会での ICT 活用

参考文献、使用教材 ……… 126
おわりに―感謝をこめて　広島市立藤の木小学校教頭　島本圭子 ……… 127
研究同人 ……… 128

※本書では、実践に使用したデジタル教材の名称及び表記等を簡易にしている場合があります。正式名称等は P126 をごらんください。

■ 日常の授業の充実の向こうに見えた未来

玉川大学教職大学院教授　堀田龍也

　広島市立藤の木小学校は、総務省による「フューチャースクール推進事業」、文部科学省による「学びのイノベーション事業」の実証校でした。同時に指定された10校の小学校のうち、おそらくもっとも多くの授業公開を行い、多くの実践を生み出した学校です。広島市教育委員会も強くバックアップをしました。周囲を巻き込んだ成功事例です。

　そんな藤の木小学校ですが、最初から順風満帆だったわけではありません。

　児童数以上のタブレットPCが導入されたのは、平成22年度の晩秋でした。教室に1台の電子黒板、児童1人1台のタブレットPC、無線LAN、その先のクラウド環境が整備されました。先生たちは張り切って活用しました。合い言葉は「挑戦」でした。
　しかしこの頃の実践は、正直にいえば、ICTに振り回されがちでした。ICTに目が行き過ぎて、授業の原則が少し失われてしまっていました。私は授業を参観した上で、そのような印象を持ったことを、率直に先生方にお話ししました。先生方は真剣に聴いてくれました。きっと先生方の当時の実感と一致したのでしょう。

　その後、藤の木小学校の授業は、「授業である」ことを大切にしたICT活用にシフトしていきました。
　「授業である」ためには、まず一定の規律が必要です。児童が理解しやすいような教員による説明も必要です。児童の理解を確かめるための定着の場面も必要です。一人一人がしっかりと学びに向かう姿勢を要求することも必要です。もちろん、話し合い方の基本的な指導は不可欠です。このような学校の努力を後押ししてもらえるよう、保護者への啓発も重要です。
　もともと、しっかりと児童に寄り添った教育を行っていた同校でしたから、ICTに振り回されていた時期はすぐに終焉を迎え、たちまち落ち着いた学校に変わっていきました。ベテラン教員がこれを主導しました。

　藤の木小学校で公開された授業実践は、10校の実証校の中でもっともオーソドックスなものでした。授業開始直後にフラッシュ型教材で前時までの復習をし、実物投影機等を活用して学習課題を明確にしてからノートに書かせ、タブレットPCによる個の考えの明確化と可視化、その間の机間指導、必要に応じて協働での考えの整理、意図的指名による電子黒板への提示による児童の発表、本時の学習成果の確認と理解定着のための指導。これらを支えるための基礎的・基本的な型の指導を行い、型を乗り越えさせていくことの繰り返し。学校生活を安定させるための机上の整理の仕方、机の中の整理の仕方、ランドセルの置き方なども、ていねいに指導してきました。
　公開研究会においても、注目されるタブレットPCの活用と協働学習に関する提案だけでなく、授業全体の展開を常に意識し、授業を成立させている諸要件への言及を忘れませんでした。
　こうして、10校の指定校の中で藤の木小学校は、もっとも「現実的なICT活用」を行う学校としての役割が定着しました。

　私はこの3年ほどの間、何度も藤の木小学校を訪問し、先生方の授業を参観してきました。そこには常に自然体の先生方の姿がありました。学力の定着に支えられた学ぶ姿勢、教室の安定に支えられた学校の安定と地域からの信頼がありました。
　タブレットPCは、普段は残念ながらあまり目立たない存在です。それだけ学校生活に溶け込んでいる証拠でもあります。ほんとうに普通の学校です。子供たちは生き生きとしています。

　「日常の授業の充実の向こうに見えた未来」。それが藤の木小学校のICT活用です。
　先を急ぎたがる私たちは、足元を大切にした藤の木小学校の教育活動にこそ学ばなければなりません。

学習者用デジタル教科書の可能性を示した藤の木小学校

信州大学教授　東原義訓

　文部科学省は2010年度末の補正予算により「英語をはじめとする先導的デジタル教材の開発」と称して、総務省のフューチャースクールで活用することを想定した小学校国語科・算数科（第4・5学年）・外国語（英語）活動（第5・6学年）の一部の単元にあたるデジタル教材を開発した。初の学習者用デジタル教科書である。2011年度からの文部科学省の学びのイノベーション事業により、実証校での活用が開始された。

　学習者用デジタル教科書とはどのようなもので、どのように活用できるのか手探りの状態から、藤の木小学校をはじめとする実証校で日本初の挑戦が始まった。

　どのようなコンテンツ（教材）が含まれているのか、どのような機能が使えるのか、電子黒板との連携はとれるのか、児童にとって操作は簡単なのか、どのような授業展開が可能になるのか、先生もICT支援員も、誰一人わかっている人はいないところからのスタートであった。なにしろ、当初は学びのイノベーションの実証校でないと稼働させることができなかったのだからアドバイスを求めようにも誰も教えてはくれない。詳細がわかっているのは、制作に直接携わった関係者ぐらいであった。

　このような状況のなかで、藤の木小学校では、まず、従来の紙の教科書の活用の延長線上で授業をデザインし、学習者用デジタル教科書を活用するところから着手した。

　まず、画面上で目に留まるのは様々なツールであった。ペンやマーカーが用意されていたので、教科書画面にかき込むことができた。消すことも簡単だった。どこにマークしたのか、何をかき込んだのかは、簡単にクラス内で共有できた。画面を保存して友達や先生に送る機能が学習者用デジタル教科書には備わっていたからだ。先生は、児童から送られた画面を電子黒板に一覧表示し、さらに、児童の画面を拡大提示して、児童に自分の考え方を発表してもらった。従来なら、必要な部分をプリント教材にして配布し、児童はそれにかき込んで、黒板にマグネットで貼って発表した場面である。学習者用デジタル教科書によって、効率よく、自分の考えを表現し、クラス内で共有化できることが示された。

　活用するうちに、紙の教科書では不可能な、デジタルならではの利点が見えてきた。鍵となったのは、学習者用デジタル教科書に含まれる豊富な教材であった。写真や音声や動画などの教科書紙面にはないコンテンツだ。また、NHK等のWeb上のコンテンツへの便利なリンク集も豊富に用意されていた。気象の授業では、授業のまとめとしてビデオを視聴する計画であったが、動画資料の豊富さに気づいたことがきっかけで、授業の展開が変更された。学習者用デジタル教科書を調べ学習の対象として活用するという発想だ。授業の前半で児童一人一人が教科書中の様々な季節の雲の動きのビデオを再生して、天気の変わり方の規則性を発見するという探究的な展開に変更された。

　藤の木小学校の先生方の柔軟な発想と挑戦によって、学習者用デジタル教科書と指導方法の在り方は、今後も問い続けられるだろう。将来がとても楽しみだ。

■「未来の学びへの挑戦」の発行にあたって

広島市立藤の木小学校校長　森川康男

　本校は、平成22～24年度までの3年間、ICTを利活用した協働教育の推進に関する調査研究を行う総務省の「フューチャースクール推進事業」の指定を受けるとともに、平成23～25年度までの3年間は、情報通信技術の活用に関する総合的な実証研究や教育の情報化推進体制の整備を行う文部科学省の「学びのイノベーション事業」の指定も併せて受け、取組を進めてきました。

　平成22年、広島市北西部の児童数230名余りの小規模校に、無線LANとクラウド環境が構築され、さらに、インタラクティブ・ホワイト・ボード（IWB）や実物投影機、児童一人一台のタブレットパソコン（TPC）が整備され、ICTを利活用した教育が始まりました。

　当初、教職員は戸惑い、ICT機器を使うことに四苦八苦し、ICT機器を活用するための授業が行われる状況も見られました。それから今日まで、国や広島市、大学や企業の方々などから様々な支援を受け、試行錯誤を繰り返す中で、ICT機器を効果的に活用し、児童一人一人の能力や特性に応じた個別学習や、児童同士が学び合い教え合う協働学習を学校全体で実施できるようになっています。その成果に対して、平成25年6月には、中国総合通信局から「電波の日・情報通信月間」表彰を受賞しました。

　こうした本校の「未来の学びへの挑戦」の過程は、毎年研究会を開催し広く公開してきましたが、平成25年度に開催した3回の公開研究会には、全国各地から合わせて500人余りの方々の参加がありました。中でも第2回公開研究会は、広島市教育センターの「ICT授業活用実践研修」「小・中学校情報教育担当者研修」に位置付けられ、広島市内の小・中学校から各1名の教員の参加を得ることができました。また平成25年度には、学校、議会、地方自治体、PTA関係者をはじめ韓国、タイなどから15の視察団が本校を訪問し、授業の様子を参観されています。本校を訪れた方々からは、「授業のめあてに確実にせまるためにICTが活用されている。」「見過ごされがちな学習規律にも目を向け、ICT機器に振り回されず授業の質の向上を目指している。」などの言葉をいただき、一貫して確かな学力を育むためのICT活用に取組んできたことへの評価であると、実践研究推進の大きなエネルギーとなっています。

　平成25年度をもって、総務省・文部科学省の指定事業は終了しましたが、平成26年度以降は、これまで以上に広島市教育委員会との連携を深め、支援を受けながら、広島市の小・中学校のICTを利活用した教育をより一層推進するため、中核的な役割も果たしていきたいと考えています。

　こうした中、今後各学校にIWBやTPCなどのICT機器が導入され、ICTを利活用した教育を実施する際の一助になればとの願いを込め、これまでの本校の挑戦を一冊の冊子にまとめて発行することになりました。本校においても、ICTを生かした「つながる・広がる・深め合う授業づくり」の研究を今後一層推進し、その研究成果を広島市のみならず、全国に発信して参りたいと考えていますので、忌憚のないご指導を賜りますようお願いします。

　終わりになりますが、総務省、文部科学省、広島市教育委員会はもとより、富士通総研をはじめとする多くの企業関係者の方々、学識経験者の皆様、地域・保護者の皆様のご支援とご指導に感謝申し上げ、はじめの言葉とさせていただきます。

藤の木小学校の挑戦

広島市立長束小学校校長　堀　達司

1　はじめに

　藤の木小学校は、平成22年度より総務省のフューチャースクール推進事業の実証校、平成23年度より文部科学省の学びのイノベーション事業実証研究校として、文字通り最先端の情報通信技術を活用した教育環境のもと、これまでにない授業を展開し、それにより児童の学びの質は確実に変わりました。

　しかし、実際に始まってみると、この実証研究が軌道に乗るまで、予想もしなかった様々な苦労や悩みが生まれました。当時、校長としてフューチャースクール実証研究に携わった経験を振り返りながら、その経緯を学校経営の視点を交えて整理してみたいと思います。

2　フューチャースクールへの挑戦

　フューチャースクールは、全国10校の公立小学校が対象とされました。藤の木小学校は平成21・22年度に文部科学省の「教育の情報化モデル事業」の指定を受け、既にICTを活用した教育の効果を実感していたので、比較的容易にフューチャースクール環境を受け入れることができました。しかし、フューチャースクールの象徴とも言える全児童一人一台のタブレットPCの活用は、それまでの教育活動には全くなかったことであり、児童がタブレットPCを使って学習する姿をイメージすることなどできませんでした。また、ICT活用に関する教師の意識やリテラシーには個人差が大きく、この最新の環境を活用して授業を成立させることそのものが最大の課題でした。さらに、そのような藤の木小学校の新たな教育について、保護者や地域の理解を得ることも不可欠であると考えました。

（1）保護者と地域の理解

　実証が始まる前の平成22年9月に、保護者説明会とタブレットPCの体験会を昼と夜の2回開催しました。国の指定研究であることに加え、未来の教育環境で学習できるメリットを説明して理解を求めました。タブレットPC体験では、筆順まで批正する採点機能があるアプリケーションで、習熟に応じて楽しみながら学習することの有効性を感じてもらいました。参加した保護者からは「どの教科で一日に何時間くらいタブレットPCを活用するのか」「脳に及ぼす電磁波の影響や液晶画面を見ることの目への負担」などの質問がありました。この説明会の様子を「学校だより」で全保護者、地域に広報し、丁寧な説明に努めました。また、同時期にマスコミに取り上げられたこともあり、保護者や地域からは期待の反響が寄せられるようになりました。

（2）教師の意識変革

　当時、ICTを活用した教育について突出した実践家がいたわけではなかったので、誰もが

不安な気持ちを抱えて研究をスタートしました。しかし、研究がいざ始まると、全国で10校だけの指定であることに加え、未来の教育環境下でこれまで誰も行ったことのない未知の分野である実証研究に携わることへの自覚が芽生え、その道を切り拓く意義とトップランナーの役割があることを意識し始めました。それぞれの教師がパイオニアの精神で挑戦していこうという意識統一ができました。失敗も含め試行錯誤しながら取り組んだ数多くの実践を共有し始め、同僚性も高まっていきました。

　特に1年目の目標は、研究の成果を問うのではなく「挑戦」を合い言葉に、失敗も含めた多くの実践例を残すことにしました。このことで教師は気持ちが軽くなり、創造的に実践を行うようになり、予想しなかった活用方法なども紹介されるようになりました。さらに、実践を積み重ねて子ども達の学びの質が変わってくると、実践に手応えを感じられるようになり、教師の意欲も高まってきました。ICT機器導入に際して、効果や成果を求めることから始めなかったことが、結果的には教師の実践に自由とゆとりを与え、創造的な実践を生み、意識改革につながったと感じています。

(3) リテラシー向上

　全教室にインタラクティブ・ホワイト・ボード（IWB）とデスクトップPCと教材提示装置。全児童と教師にタブレットPC。それらは無線LANで結ばれサーバーで一元管理されています。どこからでもインターネットにアクセスでき、時と場所を選びません。学習に必要な多くのアプリケーションも導入されました。この夢のような学習環境の活用の仕方を学ぶため、週1回を原則としてミニ研修会を実施し、並行して授業での活用も開始しました。

　当初は研修と授業活用が同時に進むので、教師は毎日のように困難に直面しました。例えば、突然、児童のタブレットPCがインターネットに繋がらなくなる。再起動しても繋がらない。理由が分からず授業を中断せざるをえない。後で調べると、いつもはONになっているLANの接続スイッチを、児童が何か分からなくて触ってしまいOFFになっていたということでした。また、サーバーにあるファイルを呼び出すのに、ドライブやディレクトリーを教師が順次指示し、それに従って全員の児童がそのファイルに辿り着くまでに5分以上かかるということも度々ありました。授業の貴重な時間が奪われ、授業の効率が悪くなり、大変困りました。そこで、フォルダーを再設定したり、ショートカットを作ったり、保存ボタンで児童の個人ファイルに保存できるようにしたりするなど改良を加えました。後で振り返れば何でもないことのようですが、それも直面してみて分かることでした。その他、提供されたシステムがきちんと作動しなかったり、児童には難しすぎる操作があったりで授業が騒々しくなることもありました。その度に機器の作動の問題なのか教師や児童の操作の問題なのかアプリケーションの問題なのか検証する必要がありました。どのような問題であろうと、授業が中断することが最も困ることでした。それは、児童の学びを阻害することになり、学びの質を論じる以前の問題でした。

　日常茶飯事のように起きる問題を、担任はその都度、支援員や校長、教頭に説明するようにしました。それを受けて校長が、事業者である富士通総研や、アプリケーション開発業者等に連絡・交渉し、改善アイデアを提供して可能な改善を即座にしてもらうようにしました。教師は待ったなし。改善されなければ、授業で使わなくなってしまうので、第一優先で解決するよ

うにしました。フューチャースクールの場合、事業者にとっても初めての経験であるということを踏まえて、できるだけ共同開発者という思いで接するようにしました。決して拒むことなく、どんな企業の方とも話し合いました。藤の木小にとってメリットのある提案はできるだけ導入しました。授業支援システムなどは、授業をする学校側の意見をその都度組み入れ、改善を繰り返して今があります。

（4）児童への指導―スタンダード

一方、児童に目を転じると、児童は自分専用のタブレットPCが用意され興味津々。個々にリテラシーの差はあるものの、さすがゲームに慣れた液晶世代の子どもたち。スポンジが水を吸うように素晴らしいスピードで理解し、慣れていきました。タブレットPCは使い方によっては玩具と化す可能性があります。そこで、PCを学習道具として最大の効果を発揮させるためには、全校で統一した活用のルール（スタンダード）を定めることと、それを全職員が意識統一して徹底して指導することが必要であると考えました。その内容は、PC保管庫からの出し入れの方法からファイル保存方法、一時保管の机の中の整理方法まで及びました。導入段階でそういった指導に取り組んだことで、児童はきまりを守って大切に扱うことを当然のことと理解し、PCを学習のために使う道具としてとらえるようになりました。そういった指導の効果を、後になって強く感じるに至ったのです。

（5）ICT支援員の存在

未知への挑戦と予期せぬことへの対処など、多くの困難に立ち向かえたのはICT支援員の存在があったからです。システム上のトラブルから操作支援まで幅広くサポートするだけでなく、時には教師の意図を酌んで教材の作成まで関わる支援に助けられました。初期に多かった授業を中断して対処するようなトラブルが次第になくなってくると、ICT活用の本来の姿である、機器を道具として活用できるようになってきます。その時期になると、ICT支援員はより使い勝手のよい方法や教具を開発するなど、それまでよりも、創造的な支援の機会が増し、授業の質の向上に貢献するようになりました。ICT支援員は今後、教育の情報化を進めていく上で必須の存在だと感じています。

3　協働学習への挑戦

平成23年4月に文部科学省は21世紀にふさわしい学びと学校の創造を目指した「教育の情報化ビジョン」を公表しました。情報通信技術を活用した教育効果は一斉授業での提示による効果、繰り返しや習熟に応じた学習が可能になる効果、そして最も重要なのは協働学習を促進することであることを示しました。それまでPC活用は習熟ドリルなど個の学習を支援する効果がもっとも大きいと考えていたので、ICTを活用した協働学習はどのような学習スタイル

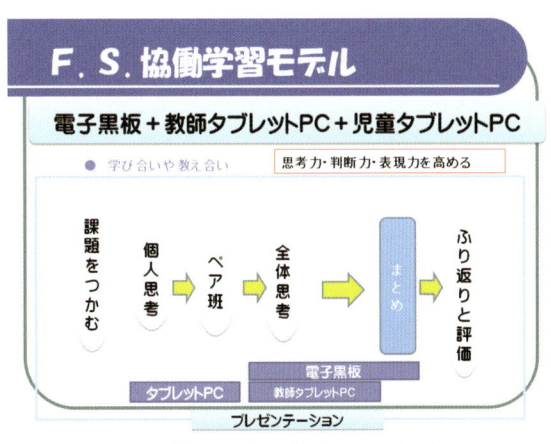

協働学習モデル（最初のモデル）

であればよいかを検討する必要に迫られました。そこで、協働学習とは「つながる・広がる・深め合う」をキーワードに児童同士がつながる学習であると定義し、前ページのような協働学習モデルを作成しました。そのモデルの中で、ICTがコミュニケーションを促進し、児童をつなぐ道具として位置付けました。この協働学習モデルに基づいて、どの教師も日々の授業を行いました。

　実際にICTを活用して、一人ひとりの子どもたちの思考が多くの児童に共有され、検討されて、新しい知を創造していくような授業が見られた時はとても感動しました。未来の教育を垣間見るとともに、大きな可能性を感じた瞬間でした。

4　学校経営と校長の役割

　フューチャースクール実証校として、教育の情報化に校長として取り組んで最も感じたことは、学校全体が同じ方向を向かないとICT活用は効果を発揮しない、ということです。機器は道具であり、道具の使い方に統一性がなかったら、故障の連続となります。指導においても、系統性や統一性を持たないと児童のリテラシーは向上しません。さらに、教師によって活用の有無があったとすれば、保護者の理解も得られません。そう考えると、教育の情報化のポイントは、学校全体で同じ方向を向けるかどうか、そこにかかる校長のマネジメントであると感じています。

　この事業が未知の事業であることや、3年間という期間が定められていたことを考えると、時間を無駄にすることはできませんでした。校長の役割は、児童を育て、教師に誇りとやりがいを持たせ、藤の木小学校が認められ保護者や地域の誇りになること、その価値観を持って、様々な時と場面で先を見通した学校経営を心がけました。教育の情報化が待ったなしのところにきている今、校長の意識改革と、校長自身のリテラシーの向上が重要なのではないでしょうか。

コラム

「新たな学習環境を使うパイオニア」
藤の木小学校に寄せて

広島市立大学大学院教授　前田香織

　2010年夏、藤の木小学校では10月からの実証授業に向けて期待と不安のどちらが大きかったでしょうか。8月から始まった環境構築の作業は先生ご自身が使って授業をするためのものとわかりながら、どこか別次元のものに見えていたかもしれません。実証授業に先駆けて8月26日に開催された藤の木小学校の全体研修会で私は今から学校で何が始まろうとしているのかなどをお話する機会を頂きました。熱心に話を聞かれた後のディスカッションで「クラウドって何でしょうか？」「セキュリティは？」といくつもの質問を受けました。「藤の木小学校は10年先、20年先の小学校教育のスタイルのパイオニア」としての不安も苦労も呑み込んでほしいことをお願いしました。

　10月に授業が始まりました。教員は事前準備に励んで授業に臨んだものの、無線LANがつながりにくい。サーバーやデスクトップPCが過負荷なのか想定どおりに動いてない。授業中も作動しないタブレットが続けざまに出てきて、児童の集中力が切れてしまう。IT支援員だけでは追いつかず、先生も次のステップに進めない。11月に堀校長先生（当時）から届いたメールには教員が授業できる環境づくりに奔走するもままならないと綴られていました。実際、同時に全員が使いだすと生じる不具合が多々起き、サーバーやネットワークのチューニングを繰り返しました。こわごわ授業しながらあっという間に2011年2月の公開研究会です。全国からの多くの参加者の期待や興味を受けて担当教員は素晴らしい授業をされました。とはいうものの、何十人の関係者が不測の事態にスタンバイしたでしょうか。

　初年度の成果をまとめつつ、発生した技術的課題を次の年にどう解決するかを考えて2年目に突入しました。東日本大震災という想像を越えた事態の発生により、小学校が地域の避難場所のインターネット通信の拠点としてクローズアップされました。学校の通信環境が非常時どう展開できるか新たな次年度の課題となりました。次年度も不具合がなかったわけではありません。でも、2年目の公開研究会での先生や児童はこの事業で導入されたシステムをトラブルが発生することも含めて、ツールとして使いこなしていました。経験を積んだ藤の木小学校は「藤の木スタンダード」という学習モデルも確立し、3年間を精力的に取り組まれました。IT支援員のサポートも先生たちの授業進行や準備になくてはならない存在でした。

　この事業で実施した通信インフラや通信スタイルを採り入れた学習はいずれ普及の段階に入るでしょう。藤の木小学校がパイオニアとして経験した苦労や喜びは語り種にすらならない時が来ますが、それも藤の木小学校の挑戦の礎によるものです。一連の時を共有できて嬉しく思うとともに、フューチャースクールがフューチャーでなくなるように、まだまだ牽引役でいてもらいたい藤の木小学校の応援団でいたいと思っています。

1章 藤の木小学校の紹介

1 藤の木小学校の風景

広島市立藤の木小学校と広島市の取組

藤の木小学校は平成2年に開校し、今年で開校25年目を迎えます。広島市佐伯区の北西、名山「窓が山」のふもとに開かれた藤の木団地に位置し、広島市立小学校142校中、132番目にできた小学校です。平成8年に児童数848名とそのピークを迎えましたが、その後児童数は少しずつ減少し、平成25年度末には230名となっています。

広島市は子どもたちを「心身ともにたくましく、思いやりのある人」として育成していくことを基本理念とし、広島らしい教育を展開しています。思考力・判断力・表現力の育成を目指し、教育課程の特例として言語・数理運用科、英語科の二教科を実施する「ひろしま型カリキュラム」や、70年前の原子爆弾投下の惨禍から復興を果たした平和都市として、体系的な「平和教育プログラム」を実践しています。

ICT教育については、広島市はその環境整備を着実に進めており、現在広島市立小中学校206校各校に1台の電子黒板、各教室1台の大型デジタルテレビとコンピュータ、実物投影機が配置されています。この実物投影機の全教室配置は、本校の平成23年11月第1回公開研究会で行われた体育の公開授業で活用したことをきっかけとして、その直後短期間で整備されました。

教員研修については、広島市教育センターにおいて、平成17年度からICT活用に関する多様な研修が計画的に行われています。昨年度は本校の公開研究会と連携して、情報教育担当教員の研修が行われました。

また、広島市では、教職員の教材の作成や校務の処理効率化等を図るため、平成21年度までに教職員1人1台の校務処理用パソコンを整備するとともに、ICT機器を適切に接続し安全に情報を管理するため、平成22年度からの2年間で教育委員会情報ネットワークシステムの環境の再構築に取り組みました。そのシステムには、電子メール等のグループウェアとともに、指導要録、あゆみ・通知表の作成や簡易ホームページ作成などの校務支援機能を導入するなど、学校のICT環境の充実を図っています。本校は、平成24年度に校務支援システムに伴う通知表作成機能モデル校となり、先行的に実施しました。

校訓 「心たくましく　学びたしかに」

　フューチャースクールという最先端の教育は、底辺の三つの頂点を知・徳・体とした三角錐の尖端を、未来へ向かって高く高く伸ばそうとする挑戦です。知・徳・体の教育をバランスよくしっかり行うことが、この挑戦を支え、三角錐の頂点を高める土台となると考え、取組を進めています。大きくなった三角錐を満たすものが児童の成長です。

　藤の木小学校が目指す児童の姿は、校訓「心たくましく　学びたしかに」として、平成23年3月末に形となりました。

　やるべきことはやり通す力、自分に負けない心、耐える心や強い心を育てたい、一つの学びを通して学び方を学び、予期せぬ問題に出会っても粘り強く取組み、解を見つけ出していく学びの姿勢を育みたいという願いと意志がこめられています。この校訓をモットーとして、日常の取組の充実を図るとともに、以下のような特徴的な取組も進めています。

 知を育む

　子どもたちの学びを確かなものにしていくためには、日々の授業の充実を図るとともに、家庭学習を充実させることが重要と考え、全校で統一した取組を進めています。

＜家庭学習の取組＞

　家庭学習は学びの習慣を身に付ける上でとても大事なものです。学校からの宿題として、毎日、漢字練習・計算練習・日記等を出し、少なくとも（学年＋1）×10分（1年生なら20分）は取組むように指導しています。できていない場合は、多くの職員の目が届く1階職員室傍のホールスペースを用意し、学校でその日のうちにやり終えて帰るようにしています。こういった家庭学習への取組について、年度初めに「家庭学習の手引き」を配布し、保護者の理解を図るととともに、各家庭での指導をお願いしています。

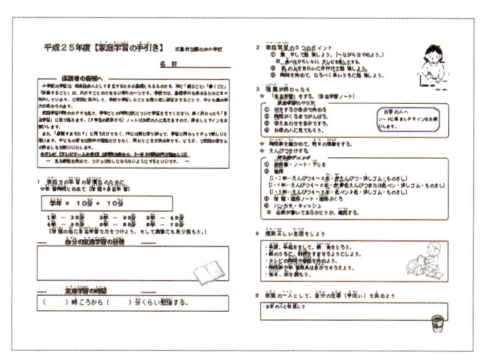

＜自主勉強の取組＞

　自ら学ぶ姿勢を育むために、自主勉強ノートの取組を進めています。年度初めに3年生以上の全児童に配布し、各担任がどんな学習をすればよいかオリエンテーションを行います。よい学習をした児童のノートを取り上げて掲示し、意欲を高めます。2冊目からは各自職員室で教頭から買い求めます。6年生の中には、10冊を超える児童が現れて

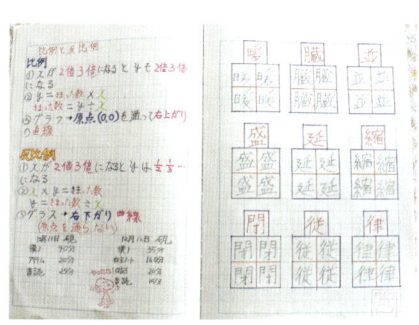

きます。3月の学校朝会で、やり遂げた冊数に応じて表彰を行うことにしています。

 ### 徳を耕す

　人への思いやりや優しさに満ちた児童を育てたいと思います。そのためには自己肯定感を育むこと、一人ひとりが自分のよさに気付き自信をもったり、人の役に立ち有用感を味わったりすることが大切であると考えます。そこで、一人ひとりのよさやがんばりが認められる場・人との関わりをもつ場を作るようにしています。

＜大会参加＞

　広島市教育委員会主催の体育的行事・文化的行事を始め、地元企業等の主催・後援による陸上大会・駅伝大会・音楽コンクール等に、年間10回程度延べ約150名の児童が参加しています。参加にあたっては、全職員で指導します。大会で緊張感と達成感を味わった児童は、大会前に比べ、一回り大きく成長しています。

＜表彰制度＞

　大会に参加した児童や、学校の取組でがんばった児童、各自の習い事等でよい成績を修めた児童を、学校朝会で表彰し全校児童の前で褒めるようにしています。賞状と、副賞としてPTA予算で買っていただいたファイルに一篇の詩を印刷したカードを入れて渡しています。習字、柔道、剣道、サッカー、バレーボール、ピアノ等の習い事、読書、自主勉強、縄跳び大会等、年間延べ約300名の児童を表彰しています。

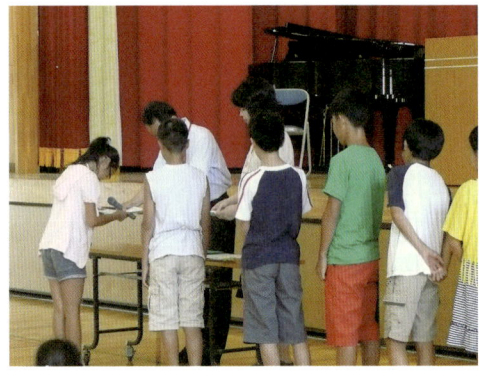

＜地域行事参加＞

　地域の社会福祉協議会の主催による敬老会に毎年6年生が参加します。敬老会では伝統の和太鼓演奏を行います。この和太鼓演奏は平成10年に始まり、地域の太鼓クラブの方の指導のもと、6年生から5年生に伝承されます。平成25年度には和太鼓演奏に加え、地域の盆踊り「藤の木音頭」を会場の皆さんと共に踊るようになりました。会場では、6年生が参加者の皆さん

を席に案内したり、お茶をお出ししたりと、おもてなし役も行います。地域を支えておられる方々と直に触れ合う貴重な機会です。

　地域の青少年育成協議会主催のふれあいコンサートは、平成24年度から藤の木小学校体育館で日曜参観での行事として行われるようになりました。地元中学校のブラスバンド部の演奏・演劇部の演劇、小学校の太鼓演奏と全校合

唱で交流し、互いのがんばりを知り認め合う機会となりました。保護者・地域の方々にも楽しんでいただいています。

 ## 体を鍛える

平成11年度から導入された「新体力テスト」では、当初、本校児童の結果は決してよいとは言えませんでした。そこで以下のような体力アップのための取組を行い、平成25年度には、全国平均を上回る種目が2種目（平成23年度）から6種目になりました。新体力テストを行う際には、1年生と6年生、2年生と5年生というようにペア学年を組んで、高学年が低学年に上手なやり方を教える機会を持つようにしています。

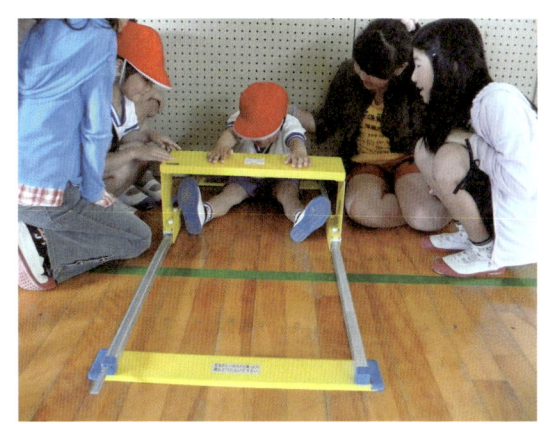

＜ロング昼休憩の取組＞

毎週火曜日、給食終了後13：10分〜13：50分までの40分間をロング昼休憩として、学級全体で外遊びをすることにしています。何の遊びをするか学級で話し合い、担任も一緒に遊びます。平成25年度からは、目の健康に配慮した取組も合わせて行っています。ロング昼休憩終了3分前に、＜遠方凝視＞を行うことにしました。放送の合図で遊びをやめ静止して、遠くの景色を見つめます。終了と同時に駆け足で教室に戻り、5時間目の授業を開始しています。

＜スポーツ大会の取組＞

学校の代表的な体育的行事は運動会ですが、藤の木小学校では年間を通じてロング昼休憩を活用し、ドッジボール大会、短縄大会、長縄大会などのスポーツ大会を行っています。

環境整備として、中庭に短縄練習用の縄跳び台＜ひのき舞台＞を設置し個人練習をしやすくしています。

1年生は9月から短縄の練習を始めますが、この短縄は、夏に行われる地域の藤の木学区町づくり推進協議会主催の「ずっと住みたいふるさと『藤の木』どんなまち？」コンクールの絵画部門に1年生が全員応募し、その参加賞としていただくものです。

平成25年度からはスポーツ大会にも縦割り班を活用し、高学年が低学年に教えたり、一緒に練習したりするようにしています。大会は体育委員会が進行し、結果に応じて学校朝会で表彰します。

2 教育の情報化の歩み

　本市では、平成20年度から文部科学省の「先導的教育情報化推進プログラム（教育情報化総合支援モデル事業）」を受託し、「わかる授業」づくりのための実践研究や学校ICT支援員の派遣による教員のICT活用指導力の向上のための支援に取組んできました。

　本校は、平成21年度にICT化支援校のモデル校に指定され、「ICT事業実践推進校」（広島市）、平成22年度「確かな学力の育成に係る実践的調査研究」（文部科学省）の指定校として、学校のICT環境が少しずつ整えられていく中、実践を積み重ねてきました。

　そして、平成22年度から総務省「フューチャースクール推進事業」実証校、平成23年度から「学びのイノベーション事業」実証研究校として、今日まで歩んできました。

　フューチャースクールの象徴である「児童一人一台の情報端末（タブレット型パソコン）の活用」は、最先端の教育方法であり、授業づくりにおいてはゼロからの創造を求められるものでした。藤の木小学校が、最先端の教育の研究校として歩むにあたって最も大切にしたことは、新たな歩みを支える基盤を確かなものにすること、つまり、これまで日々行ってきた教育活動をしっかり行うということでした。

　具体的には以下の三つに集約することができます。

戦略1　藤の木小学校スタンダード

　これまでの教育活動で誰も使った経験のないタブレットパソコンを授業で活用するに当たって、その使い方のルールを決めることは当然のことでした。しかし、そのルールだけ守らせればよいというわけではなく、普段から規律やルールを大事にできるよう、生活規律や学習規律をしっかり指導できる仕組みを作りました。

　平成22年度末に「児童にこれだけはしっかり身に付けさせたい」ことを協議して選び出し、

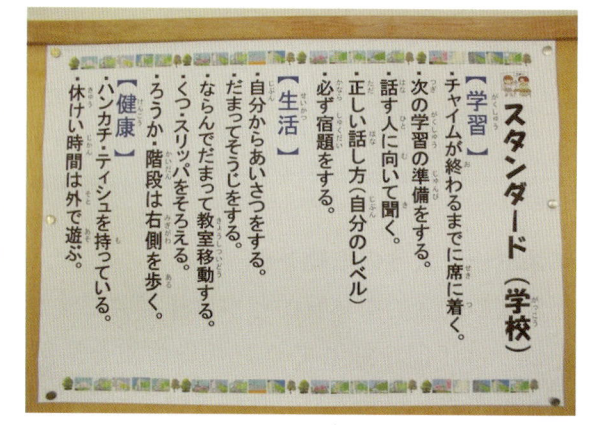

それを短い言葉で表し「スタンダード」を作成しました。これを全教室に掲示し、日々意識できるようにしました。これは、教師にとっても指導のスタンダードとなり、全教職員がぶれなく同じ姿勢で指導することができました。

　児童は毎月末「がんばりカード」で一つ一つの項目の達成度を自己評価するようにしています。中には、委員会活動で学級毎に評価している項目もあります。

　授業で最も大事にしていることは「話す人の方を向

 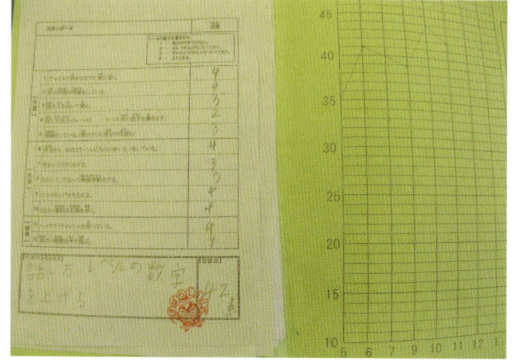

いて聞く」ということです。45分という限られた時間・空間で発せられる最も身近な情報をきちんと受け止め理解しようとする態度は、情報活用能力育成の基本となる態度です。常に意識付け評価しながら育てています。タブレットパソコンの使い方については、児童向けのプレゼンテーションを低・高学年別に作成し、担任が指導するようにしました。平成25年度は年度始めに「タブレット開き」の時間を持ち、先進的ICT担当教諭が中心になって改めて指導していました。

戦略2　新たな授業研究スタイル

　授業研究を成功させることが、実証研究校として成果を挙げられるかどうかの鍵を握ると考えました。藤の木小学校は開校当時から校内研修体制を整え、算数科、国語科、特別活動、体育科、道徳、理科等の授業研究、授業協議会の活性化の研究も行い、校内授業研究推進の風土は営々と培われていました。「よい授業づくりは徹底した教材研究から」を授業研究の基本として取組んできましたが、「授業におけるICT活用」は教材研究そのものではなく指導方法の研究であり、新たなスタンスで授業研究に取組む必要がありました。しかし、校内授業研究が方法論の検討に終始してしまうような状況は避けなければなりません。授業づくりがゼロからの創造であるだけでなく、授業研究もゼロからのスタートであるという心構えで取組みました。

　そこで求めたのは外部指導者です。まずスーパーバイザーとして、玉川大学教職大学院　堀田龍也教授に継続した指導をお願いしました。堀田先生は、既に平成21年度から、広島市教育委員会の招聘で、情報教育担当教員や管理職対象のCIO研修の講師を務めておられました。本校の実践研究を客観的・共感的に評価してくださるとともに、歩むべき方向を示し、導いていただきました。

　また、学びのイノベーション事業の中心である「学習者用デジタル教科書」は、児童自身が主体的に活用する教材として授業づくりに位置付ける必要があります。そこで、児童の学びそのものの見直しにつながる授業研究を、学習者用デジタル教科書の研究開発の中核におられる信州大学　東原義訓教授に御指導いただきました。東原先生も、平成20～22年度に、文部科学省の学校CIO・ICT支援員関係のモデル授業の主査として、広島市教育委員会や管理職対象の研修等で御指導くださっていました。

　そして、授業研究のスタイルを変えました。「教材研究－学習指導案検討－授業実践－授業協議会」という一連の流れを順に踏んでいたのでは、日々の授業実践や、次々に実施する公開研究会に間に合いませんでした。そこで、教材研究と並行してICTを活用した指導方法を模

索し、学習指導案の概略を作りました。そして学習指導案検討にはあまり時間をかけず、とにかく実践してみることにし、模擬授業を行うことにしました。授業研究の一連の流れの中に、「模擬授業」を確実に位置付けたのです。教師が児童役になって実際にICT活用を体験して初めて、どのような活用の仕方がよいのか、この活用方法でよいのか等を具体的に考えることができました。模擬授業の協議会では、ねらいは何か、発問が適切かなど、授業づくりの本質に迫る協議も活発に行われ、教材研究も深まりました。

　また、学習者用デジタル教科書は、IWBやTPCのような学習道具ではなく教材そのものであるため、教師自身が学習者用デジタル教科書の内容を十分に把握する必要がありました。模擬授業では、児童役の教師が学習者用デジタル教科書を使いこなすよい機会にもなりました。こういった授業研究により、各教師は児童の前でICT活用の明確な意図を持って授業を行うようになりました。

　公開研究会も当然ながら授業研究の一過程でした。公開研究会にはその研究会の意図に応じて講師を招聘し、御指導をいただきました。

フューチャースクール推進事業
有識者　広島市立大学大学院　前田香織　教授

平成23年度第2回公開研究会
尚美学園大学大学院　小泉力一　教授

平成23年度第2回公開研究会
文部科学省生涯学習政策局
三谷卓也　企画官

学びのイノベーション事業
有識者　広島文教女子大学
　　　　高橋泰道　教授

平成24年度第2回公開研究会
筑波大学附属小学校　山本良和　教諭

平成24年度第3回公開研究会
徳島大学　矢野米雄　名誉教授

戦略3　保護者・地域の方々との連携

　藤の木小学校区は、保護者・地域の方々が児童や学校を温かく見守り支えてくださるすばらしい地域です。しかし、この未知の教育活動を進めていくに当たっては、これまで以上に学校で行っていることを分かりやすく説明し、理解していただく必要があると考えました。まず平成22年度の導入時に説明会と体験会を、保護者の都合を考慮し昼と夜の2回開催しました。その後も、IWBやTPCを初めて使う参観日、タブレットパソコンの持ち帰り、公開研究会スタッフ募集、フューチャースクール推進事業終了等、節目節目で理解を求める働きかけを行いました。

　平成23年度からは学校の考えや方針、具体的な取組を「学びのガイドブック」としてまとめ、全家庭に配布するようにしています。

　また、現在藤の木小学校区には、20の町内会連合会ならびに各種団体があり、それぞれの立場で御支援・御協力をいただいていますが、公開研究会開催時には、御来賓の接待、会場案内、環境美化等でお力添えをお願いしてきました。

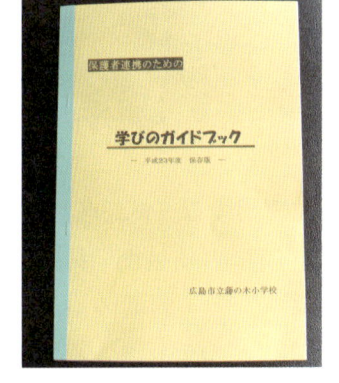

　平成23年度からは、学校支援ボランティア登録制度を設け、保護者・地域の方々に御自身の興味・関心等に応じて、児童に関わり支援してくださる仕組みを作っています。年度始めに募集し、現在、図書館ボランティア「ぽーこ」、花の会、広報ボランティア、ベルマークボランティア、花ボランティア、図書ボランティア、家庭科支援ボランティアなどのグループがあります。PTA執行部とも連携を図りながら、子どもたちを直接的間接的に支援していただき、学校の様子を直に見て、雰囲気を肌で感じていただいています。

3 藤の木小学校の新たな風景

4年間の取組を通して、藤の木小学校には新たな風景が加わりました。

 児童

＜説明しようとする姿＞

児童が自分の考えを説明する姿が確実に増えました。児童がTPCに表現したものは教師によってIWBに映し出されます。初めは映し出されることをためらう児童も多くいましたが、慣れてくると当たり前となり、むしろ映し出してほしいと思う児童が多くなっています。TPCに表現した時点でそれは個から放れて学級で共有されるものと捉えるようになり、分かりやすく表現したい、自分らしく表現したい、それをもと

に自分の考えを分かってもらいたいという意欲を持つようになりました。完成されていなくても、それを手掛かりに自分の考えを説明し伝えようとする姿が生まれました。それを支えているのが、スタンダードの「発言レベル」です。（P32）今後は、情報発信を支える言語活動の充実を一層図っていきたいと考えています。

＜情報検索→情報収集→情報編集→情報発信の姿＞

TPCの効果が発揮された学習の一つは調べ学習でした。学習のねらいの達成に向けて、教師が思考・判断の過程に有効な複数の資料を選び、エクセルシートに貼り付けるなどしてTPC上のデジタル資料集を作成します。児童は、その資料を検索し気付きを持ち、自分の考えをまとめ説明をします。そして、友達の説明を聞き、考え直し、また説明します。特に高学年の社会科や理科で多く見られる姿でした。TPCを使うことで、多様な複数の資料を主体的に素早く検索でき、児童は指先さばきも鮮やかに調べ学習を行いました。このような学習で何より重要なのは、TPCという電子メディアを介した一連の情報検索－情報収集－情報編集－情報発信の態度を、45分の授業で教師が指導・評価できるということです。

学校ではTPCで検索する資料をコントロールしますが、学校を一歩出れば児童の身近な電子メディアから得られる情報は多種多様で、児童の成長や学習にとって有害なものも含まれます。児童自身がメディアコントロールを行う力を身に付ける必要があります。情報モラル学習とともに、その視点を踏まえた調べ学

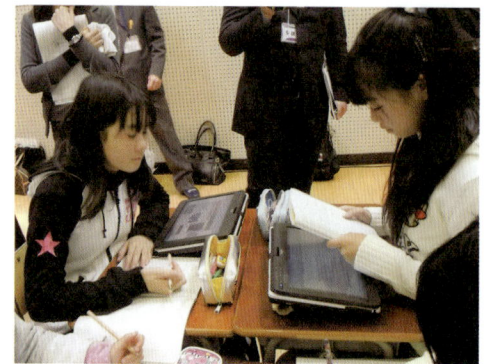

習を展開していく必要があると感じています。

 教師

＜ベテラン教員の活躍＞

長年授業研究に携わってきたベテラン教員は、様々な工夫を凝らしよりよい授業を模索してきました。IWBやTPCの効果にまず驚かされたのは、これまで手間ひまかけてやってきたことがボタン一つで瞬時に実現されるということでした。これまでは課題を大きく示すために事前に拡大コピーをしたり、児童に自分の考えを説明させるのに、児童がノートに書いたものを何人かピックアップして別の大きな紙に書かせ黒板

に掲示したりという方法をとっていました。課題やワークシートをデジタルデータとして作成すれば、IWBで大きく映し出し、授業支援システムによって児童全員分までもIWBに大きく映し出すことができます。デジタルデータは、他の単元でも変化を加えて新たに活用できるだけでなく、次年度も活用できます。授業の工夫に費やす時間が短縮されるだけでなく年度を超えて生かされていきます。このようにベテラン教員は、それまで蓄えてきた授業のコツがIWBやTPCによってよりよく生かされ自身の授業改善がなされていくことを実感し、意欲をもって様々な実践にチャレンジしました。ベテラン教員の活躍は研究推進の原動力でした。

＜得意分野の現れ＞

何をどう活用すればよいのか手探りだった時期を越えると、ICT活用にも教員の個性、得意分野が現れてきました。それに伴って藤の木小学校ならではの活用法、コンテンツが磨かれました。それらの多くはICT支援員と協働して生み出されました。中には企業の方々の支援を得て作成されたものもあります。それぞれがそれぞれの得意分野を生かし協働的に仕事を進めるという貴重な体験にもなりました。

算数科におけるデジタルブロックは机上でのブロック操作の限界を超え、操作に基づいて数の仕組みや計算の仕方を考える数の範囲を広げ、児童の理解を助けました。作成の仕組みは分数の計算方法を考えるためのデジタル分数の作成にも生かされました。

また、エクセルシートで数種類のワークシート並びにヒントシートを作成し自力解決で活用する指導法は、様々な教科で度々用いられ、個別学習に有効な活用法でした。資料を貼り付け

ればデジタル資料集となりました。授業の展開に応じた資料集で、ジグソー法を取り入れ協働学習の充実を図ることもできました。

国語科や音楽科でのヘッドホンの活用は、児童に朗読や音楽をじっくり聴取する機会を提供しました。音の個別化という新たな視点で授業づくりの工夫がなされるようになりました。

学校

＜視察＞

　視察の受け入れも実証研究校の使命です。可能な限り受け入れ、本校の取組を見ていただくようにしてきました。教員の過度の負担にならないよう、できるだけまとめるようにしましたが、2週間に1度くらいのペースでお客様が来校され、時には、午前・午後と視察が行われることもありました。フューチャースクールならではの風景です。

　平成25年度には、地方自治体の議員の方々、学校の管理職・研究主任の方々の視察が増えました。PTAの方々の視察もあり、急速に教育の情報化が進んでいることを肌で感じるようでした。

　海外からの視察もありました。視察するなら藤の木小学校へと薦めてくださる方々がいらっしゃることが、本校の取組への評価であると感じています。

　今後もこのICT環境を生かした取組の充実を図り、一層発信していきたいと思います。

タイ　チュラロンコン大学附属小学校より

韓国　ハンビット小学校より

＜広島市への広がり＞

　平成25年度の第2回公開研究会は、広島市教育センターの「ICT授業活用実践研修」「小中学校情報教育担当者研修」として位置付けられ、広島市各小中学校の情報教育担当教員204名の参加がありました。各協議会では、ICT活用も含め、発問や学習活動のあり方等に関して忌憚のない話し合いが行われ、広島市におけるICT活用に関する研修のリーダー校としての役目を果たすことができました。

　また、本校教員が各小学校の校内研修会に招聘され、ICT活用の演習を行ったり、ICT活用の視点で授業の指導助言を行ったりなどの機会も増えています。

　今後一層、広島市の教育の情報化の役に立つ取組を進めていきたいと思います。

24　1章　藤の木小学校の紹介

保護者・地域

＜電子メディアコントロールへの協働＞

情報モラル教育には、平成22年度以前から情報モラル教材を活用して計画的に実践したり、民間企業の専門家を招いて指導を強化したりしてきました。

広島市では、電子メディアがもたらす弊害から児童を守るために平成20年3月「青少年と電子メディアとの健全な関係づくりに関する条例」が制定され、携帯電話の販売事業者に、有害情報の受信を防止するフィルタリングを備えて販売することを義務化しています。

本校の児童は電子メディアに慣れ親しみ、高い活用スキルを持っていますが、合わせて適切な電子メディアの使い方の知識や情報選択の力を育む必要があります。この取組は、保護者・地域を巻き込んで行わなければ効果が上がりません。

そこで、本校では独自にアンケートを行った上で、各家庭で電子メディアの扱いについてルールを決めていただく取組を進めています。

また、関係機関と連携して、電子メディアについて大人が学ぶ機会を設けています。今後は、電子メディアコントロールにおいても先進的に取組を進めていきたいと思います。

4 藤の木小学校のICT環境

フューチャースクール推進事業によって本校に整えられたICT環境は以下の通りです。校内に無線LAN環境、各教室にアクセスポイント、50インチの電子黒板、電子黒板用のデスクトップパソコンが整備されています。そして、児童・教員それぞれに一人一台のタブレットパソコン（TPC）が配布され、無線LANによってどこからでもインターネットに接続できます。授業で活用する指導用ソフトウェアやデジタル教材はクラウド上に置かれ、教員や児童のデータと合わせて一元管理されます。

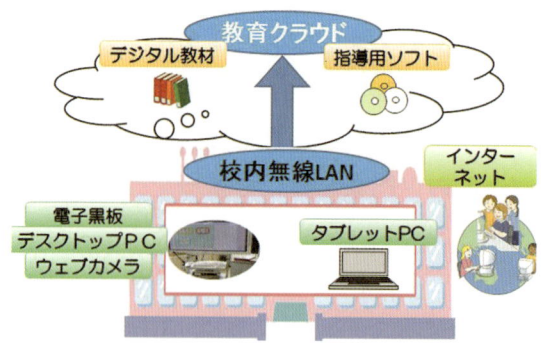

主なハードウェア

＜タブレットパソコン（TPC）＞

TPCは教室内の保管庫で保管し、授業で使う前に児童が各自取り出し机の中に入れ、必要に応じて取り出して使っています。TPCには、マウスではなくスタイラスペンが装備されています。そのペンで画面上のアイコンをクリックして操作したり、字を書き込んだりすることができます。

タブレット型で使用する際は、手作りのTPCスタンドに載せ、光の映り込みを防ぐようにします。TPCの主な活用方法は3通りです。まず調べ学習の道具としての活用です。教師が予めTPCに配布した資料やインターネットに接続して検索した資料で調べ学習を行います。次に、文書作成ソフトやプレゼンテーションソフトを使いデジタル写真や絵を挿入するなどして、新聞やレポート等の学習成果物を作

るための道具として活用します。そして、ノートとしての活用です。教師が作成したデジタルワークシートを使用して、自分の考えをTPC上に書き込み、互いに見せ合ったり、授業支援システム（後述）を活用したりして協働学習の充実に役立てています。

＜インタラクティブ・ホワイト・ボード（IWB）＞

藤の木小学校では教室の左前方に設置しています。見せたいものを拡大して提示し、必要に応じてさらに拡大したり、専用のペンで書き込みを行ったりして、児童の注目を集めるようにしています。

また、授業支援システムで教員用・児童用TPCの画面を提示し、IWBの前で児童にその説明させるなどして、

協働学習の促進を図っています。校内放送に接続してテレビモニターとしても活用しています。

＜実物投影機＞

各教室には、Webカメラを用いた簡易型の実物投影機が1台ずつ配置されています。IWBに接続し、児童のノートや作品を素早く提示したり、提示した画面を保存して書き込みを行ったり、操作画面を録画し動画を児童に繰り返し提示したりするなどして使用しています。

＜無線LAN＞

TPC、IWBは無線LANに接続されています。各教室および理科室、職員室、多目的教室にアクセスポイントが設置されています。アクセスポイント経由で職員室にある専用サーバーに接続し、授業での学習履歴等のデータをサーバー上に保存します。携帯用のアクセスポイントもあり、必要に応じて体育館等にも設置することができます。体育館での使用は、災害時における緊急連絡手段としての活用も想定されています。

＜充電保管庫＞

充電機能のある保管庫が各教室に2台ずつ配置されています。

棚それぞれに充電用のコンセントがあり、アダプターとTPCをつないで扉を閉じると、左右半分ずつ順番に充電が行われます。一度充電が完了しても、毎時間TPCを活用した場合、昼頃にはもう一度充電を行う必要があります。そこで、職員室に予備バッテリーを20基常備し、必要に応じて担任が教室に持参しTPCに装着して使用します。下校時には、TPCをスリープ状態にして保管庫に戻し、次の日の朝にかけてTPCの充電を行います。保管庫の鍵の管理は、担任、およびICT支援員が行います。

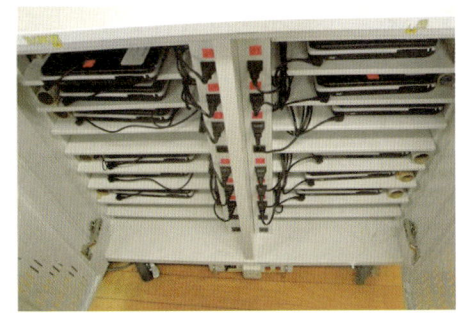

主なソフトウェア

＜コンテンツ＞

●指導者用デジタル教科書

指導者用デジタル教科書とは、教科書会社が市販している、国語・算数・理科・社会等の教科書の内容に準拠したデジタル教材のことです。デスクトップパソコンにインストールし、IWBに提示し使用します。

● 学習者用デジタル教科書

　学習者用デジタル教科書は、文部科学省「学びのイノベーション事業」で、4年（国語、算数）、5年（国語、算数、理科、社会、英語）、6年（国語、算数、英語）のそれぞれの教科の一部の単元において開発されているもので、本校ではその活用の検証を行っています。

　学習者用デジタル教科書は、紙媒体の教科書の内容がデジタル化され、使用の意図に応じて提示できるだけでなく、音声や動画を伴った資料、リンク集、教科に応じた学習ツールが内蔵されています。また、ネットワークを介して児童の書込みデータを共有できます。

● フラッシュ型教材

　フラッシュ型教材とは、フラッシュカードのように課題を瞬時に次々と提示するデジタル教材のことであり、主として授業の始めにIWBに提示して使用しています。

　九九や都道府県名、歴史上の人物名、面積の求積公式や漢字の読み方など、基礎的基本的な学習内容の定着を図る際などに使用しています。

● ラーニングソフト

　ラーニングソフトとは、単元、難易度などを児童が選び、自分の進度に合わせて学習する個別学習を支援するデジタル教材です。漢字や計算、理科の学習内容に関する問題があり、帯時間やテスト前の復習などで使用しています。

＜教材自作用ツールソフトウェア＞

　ワープロソフトや表計算ソフト、プレゼンテーションソフトが、TPCおよびデスクトップパソコンにインストールされています。

　教員が使用する場合は、プレゼンテーションソフトを用いて授業で提示する資料を作成したり、ワープロソフトでワークシートを作成したりします。表計算ソフトでは、写真や図を貼りつけたり、複数のシートを準備したりして、主にワークシートとして使用しています。

　児童が使用する場合は、ワープロソフトで作文を書いたり、プレゼンテーションソフトでポスター作成などを行ったりしています。

＜授業支援システム＞

　授業支援システムは、教員用TPCと児童用TPC、IWB用デスクトップパソコンを連携させ、児童のTPC画面を教員用TPCに提示したり、IWB画面に意図的に提示したりできるシステムです。

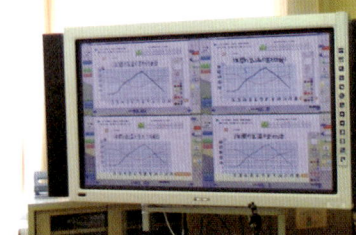

　IWB画面には、児童のTPC画面を順番に提示したり、4画面まで分割表示させることができます。

　また、教員用TPCから児童用TPCに、授業で活用するワークシートや資料等を配布し、回収することもできます。

コラム

フューチャースクール　藤の木小学校に寄せて

北海道大学教授　蛯子准吏

　総務省「フューチャースクール推進事業」、文部科学省「学びのイノベーション」は、「21世紀にふさわしい学校教育の実現」に向けた、世界にも例をみない規模で実施されている教育の情報化の実証研究プロジェクトです。実証校に全校児童を対象とした1人1台のタブレットPCなど、最先端の情報通信システムを導入したことに加え、現場の創意工夫を中心とした実証調査を重要視していることが、その特徴としてあげられます。教員、児童をはじめとした現場の方々には、新たな学びの地平を切り開くことが期待されているのです。

　藤の木小学校は、正にフロンティアとして目覚ましい成果をあげています。ICTを活用した授業のイメージを一新したと言っても過言ではありません。ICTを活用した授業というと、児童が黙々とコンピュータの画面を見つめている姿を想像するかもしれません。確かに従前のICTを活用した授業では、先生と児童とのコミュニケーションが、一般的な授業に比べ活発であるとは言えない状況にありました。藤の木小学校の授業では、タブレットPC、電子黒板といった情報端末を積極的に活用しますが、従前の授業以上に教員と児童、児童同士が活発に意見を交換します。逆説的ではありますが、機械的で冷たい印象があるコンピュータが、コミュニケーションを活性化するための道具として有効に機能しているのです。本プロジェクトのテーマであるICTを活用した児童が教え合い学び合う「協働教育」のあるべき姿の実現に、着実に近づいていると言えるでしょう。

　藤の木小学校の取組は、当初よりあるべき姿のゴールが明確に設定され、計画的に実施されていたものではありません。ICTを活用した協働教育は、理念は多く語られていたものの、その具体的な活用方策についてはオムニバス的に一部の授業における活用事例等が取りまとめられているにすぎませんでした。全学年・全教科を対象に45分間の授業の中でどのようにICTを活用し協働的要素を取り入れるかを、ゼロベースで検討する必要があったのです。藤の木小学校では、試行錯誤の中、教科を問わず協働的な要素を取り入れた授業の進め方、すなわち学びのプロセスの標準形を「藤の木モデル」として確立しました。「藤の木モデル」を取り入れた授業では、児童の考えが見え、皆で共有できるようになります。思考過程を可視化することで、教え合い学び合うための土台を授業の中で形成することに成功したのです。これは、実践的な協働教育の発展に向けた第一歩であり、画期的な成果であると評価されます。

　本書籍は、3年間の実践を通じて得られたノウハウが詰められた貴重な記録です。ICTを活用した授業を検討する上で、リファレンス資料として大変有益なものとなるでしょう。しかし、最も参考にすべきことは、挑戦的取組をチームとして一体となり進めた藤の木小学校のフロンティアスピリッツにあります。藤の木小学校の挑戦は、現在も続いています。近い将来、藤の木小学校発の新たな学びの姿が提示されることを期待しています。

2章 藤の木小学校の授業

1 目指す授業

　フューチャースクール推進事業のコンセプトは、ICTを活用して児童が教え合い、学び合う「協働教育」の推進です。そこで、藤の木小学校においては、ICTを児童と教材をつなぎ、児童と教師をつなぎ、児童と児童をつなぐ道具としてとらえ、授業過程に「協働学習」を位置付けた授業づくりに取組みました。

　まず、年度毎に研究主題と副題を見直し、目指す授業を明確にしました。そして、目指す授業の実現のために、三つの型（スタイル）を決めて取組みました。その三つの型とは、児童の学びの構えを整えるための「スタンダード」、教師の授業スタイルを整えるための「授業過程モデル」、そして授業における児童の教え合い、学び合いを促進するための「つながる発言レベル」です。

 研究主題

＜平成22年度＞
主題：豊かな心・確かな学力を育む学びの創造
副題：ICTの有効な活用をとおして、分かる授業づくり

　学校に整備されたIWBやデスクトップパソコン、実物投影機、児童一人一台のTPC等のICTを、確かな学力を育む学びの手段として明確に位置付け、ICTの活用によって子どもたちによく分かる授業を展開しました。「挑戦」を合言葉に、研究をスタートしました。

＜平成23年度＞
主題：豊かな心・確かな学力を育む学びの創造
副題：ICTを生かした　つながる・広がる・深め合う授業づくり

　平成23年度からは文部科学省の学びのイノベーション事業の指定を受け、ICTを活用してそれまでの授業スタイルの主流であった一斉学習の充実・深化を図るだけでなく、児童一人ひとりの能力や特性に応じた個別学習の充実、児童同士が学び合い、教え合う協働学習の充実を図る取組をスタートしました。

　そこで、協働学習を位置付けた授業を「ICTを生かした　つながる・広がる・深め合う授業」と表現しました。例えば、児童が自分の考えを説明する際、言葉で説明するだけでなく、TPCやIWBを活用して式や図、資料や絵等の視覚的な情報を加えて行うと、誰にとっても分かりやすくなります。ICTを活用して、互いの考えを分かり合うことがつながりの始まりであると考えました。まずは、教員も児童も<u>目的をもってICTを使うこと</u>を目標に取組みました。

＜平成24年度＞
主題：豊かな心・確かな学力を育む学びの創造
副題：ICTを生かした　つながる・広がる・深め合う授業づくり

　平成24年度は、平成23年度の課題を踏まえ「聞き方」の指導を重点的に行うことにしました。23年度は話を聞く態度は育ちましたが、友達の意見を聞いて自分の意見を返すことが少

なく、双方向のつながりが不十分でした。そこで聞き方の質を高めることで、「つながる・広がる・深め合う授業」の充実につなげようと考え、「聞き方」について改めて指導を行いました。

ICT活用に関しては、23年度の実践から「IWBと黒板、TPCとノートをどのように使い分けるか」という課題が明らかになりました。また、ICT機器を使って授業をする際、IWBに児童のTPC画面を映し出すことはできますが、その画面を残すことはできませんし、TPCに自分の考えを容易に書くことはできますが、記録したものを持ち帰ることはできません。以上のことから各機器の特性に応じた使い方が必要であることも明確になりました。

そこで24年度は、IWBと黒板、TPCとノートを、どのような目的でどの場面で使うのか、ということを意識して活用することにしました。「目的をもってICTを使う」段階から、「目的をもってICTを使い分ける」段階に進みました。そして以下のような使い分けを行うようになっています。

> 黒板
> ・授業の流れを記録する。
> ・常に提示しておきたい内容、振り返りの内容（学習課題、めあて、まとめ、授業のキーワードなど）を記録する。
>
> IWB
> ・資料（写真、図など）を提示する。
> ・児童が書いたもの（TPC画面、ノートなど）を提示する。
> ・シミュレーション機能やアニメーション機能のある資料を提示する。
>
> ノート
> ・学習課題、めあて、まとめ（分かったこと）を書く。
> ・自分の気付き、考えを記録する。（使い分け）
>
> TPC
> ・課題解決の方法や、発問に対する自分の考えを記録する。
> ・資料から読み取ったことのメモを記録する。
> ・自分の気付き、考えを記録する。（使い分け）

＜平成25年度＞

主題：豊かな心・確かな学力を育む学びの創造
副題：ICTを生かした　個の学びを拓き深める授業づくり

平成25年度は、「つながる・広がる・深め合う授業」を、「個」の側から見直すことからスタートしました。どの授業でも児童は常に自分で考えながら個別学習を行っています。協働学習の場面で、どの児童も自分の考えを表現し、友達の考えに触発されながら個の学びを深めていくためには、個別学習での十分な活動を通して、自分の意見や考えを確かに持つことが重要であると考えました。そこで25年度は、個の学びを拓き深めるため、TPCを個別学習の充実に一層有効に活用することを研究することにしました。TPCは、写真やビデオ映像の再生、朗読や音楽の再生、インターネットを介した資料の閲覧、ソフトウェアを活用した計算や漢字練習、個人の課題に応じた教師自作のワークシートやヒントシートの活用等、様々な使い方が可能で、個別学習の充実に効果を発揮します。

例えば、算数科で図形の面積の求め方を考える際、ペンで等積変形の操作を行う、音楽科でTPCにヘッドホンを装着して鑑賞教材を聴く、社会科で動画も含む数多くの資料を、手もとで調べたり比較したりして考えるなど、教科の特性も踏まえながら活用し、その効果も検討しました。当然のことながら、学びのイノベーション事業で導入された学習者用デジタル教科書を、個別学習の充実のために活用しました。

学びのスタンダード

　平成23年度のスタート時に決めた学びのスタンダードは、大きな変更は行わず継続して指導しています。全児童が、当たり前のことを当たり前にできるように、学級に掲示し、がんばりカードとして毎月自己評価をさせています。

　平成25年度には、モットー「ABCD」（A 当たり前のことに　B ベストを尽くし　C ちゃんとする人こそ　D できる人）を加え、強化を図っています。

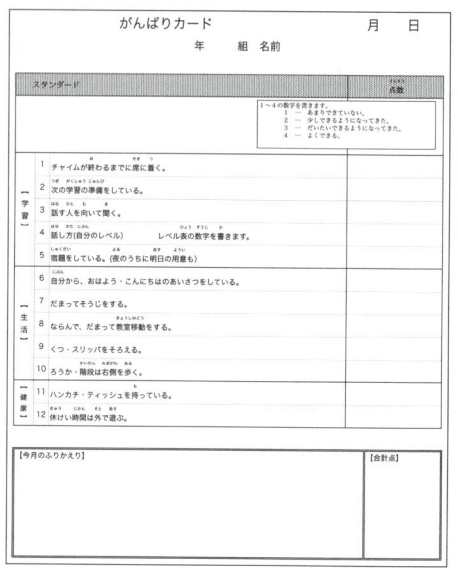

授業過程モデル

　平成23年度の研究のスタートに当たって、個から集団へと児童の学びがつながり、広がり、深まり、学びが充実する授業過程モデルを決めました。（下図参照）そのモデルでは、ICTを児童の学び合い・教え合いを促進する効果的な手段として位置付けています。

　1時間、45分の授業を基本としますが、教科や単元によっては、2、3時間または単元全時間でとらえることとしています。

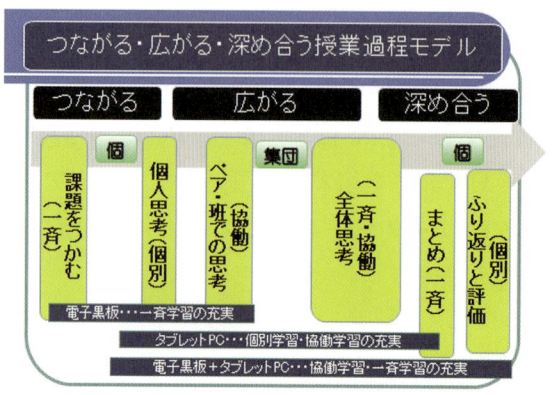

平成25年度は、それまで取組んできた授業を「個」の側から見直しました。合わせて授業過程モデルも見直し、下図のような個の学びの拓き深めるモデルとしました。

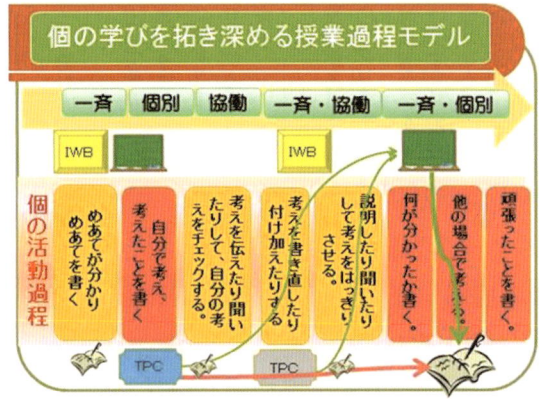

個の学びを深めるには、「何を学んだか」「学んでどうだったか」など、自分の学びを振り返り価値付けることが必要だと考え、個の学びを拓き深めるモデルでは、授業の終わり5分を個人での振り返り・評価の時間とし、児童一人ひとりが授業を振り返る活動を位置付け、学年や教科に応じて方法や振り返りの内容を工夫しながら取組んでいます。

> 例）1
> ●学習内容に関する感想を書く。
> 　「今日の授業では、○○の勉強をしました。（本時の学習内容）めあてを考えるのに、△△のようにしたら分かりました。（本時の学習活動）□□については、初めて知りました。（分かったこと、気づいたこと）友達の考え方と◇◇の部分が同じでした。（その他の感想）」
> 例）2
> ●評価問題を3問解き、正解問題数で評価する。
> 　3問正解：AA　　2問正解：A　　1問正解：B　　0問正解：B
> 例）3
> ●授業で分かったことを隣同士で質問し合う。
> 　「○○さん、きょうの授業でよく分かったことは何ですか。よく考えたことは何ですか。」
> 　「わたしは、△△が分かったからよかったです。□□さんはどうですか。」

つながる発言レベル

　教師と児童・児童と児童の間で取り交わされる言語によるコミュニケーションは、授業の基盤です。児童の教え合い、学び合いの基盤も言語によるコミュニケーションです。そこで、そのコミュニケーションを促進するには、言語活動を整えていくことが必要であると考え、次図の「つながる発言レベル」という型を作りました。
　授業では、この型に沿って児童の発言や説明の仕方について指導するようにしました。

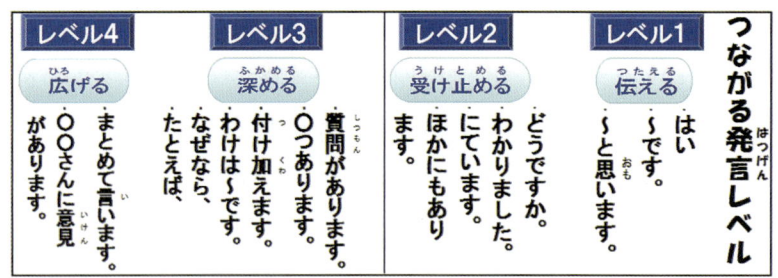

　平成25年度は、個の学びの充実に重点を置きました。それまでの取組から、個の学びを深めるためには、ペア・班での協働学習の場面で考えが変化し深まること、その変化や深まりを児童が自覚し表現することが重要です。

　そこで、下図のようなペア・班での協働学習場面での話し合い方の型を作り、指導することとしました。

> **個の学びを深めるための話し合い方モデル（話し合いの３ステップ）**
>
> ステップ１：課題について考えたことを、考えがうまくまとまっていない児童、十分に調べきれなかった児童から発表する。
> ステップ２：次に、もう一人の児童が発表する。
> ステップ３：お互いに発表した後、「友達の意見を聞いて新しく分かったこと」、「改めて気づいたこと」、「すごいなぁと思ったこと」を交流する。

　また、「つながる発言レベル」の指導を通して、児童がIWBを使って説明をする時によく使う言葉など、さらにつけ加えたらよい言葉が生まれました。そこで平成25年度は、自分の考えを分かりやすく説明するための言葉や、自分の考えを整理するための言葉等を加え、「新つながる発言レベル」としました。付け加えた言葉は、「伝えるキーワード」として表示しています。

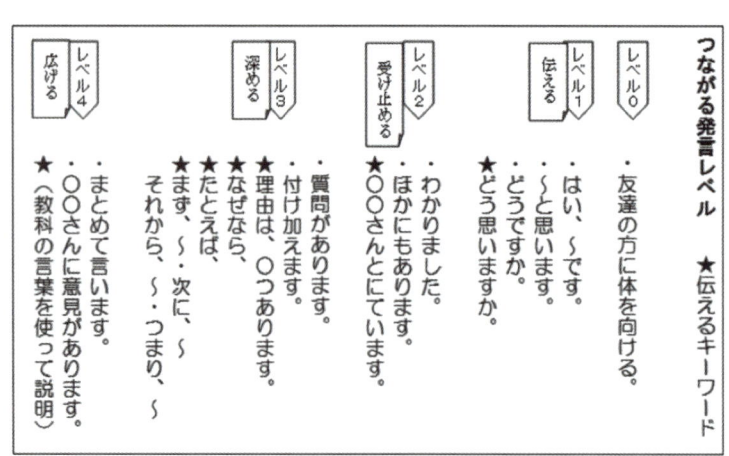

新つながる発言レベル

36　　2章　藤の木小学校の授業

2 授業を支える研修

「挑戦」を合い言葉にスタートした実践研究を支えたのは、校内研修です。校内研修は主としてICTリテラシー向上研修と、目指す授業を追究する授業研究を両輪として実施しました。

研修の概要

藤の木小学校の校内研修は、以下のような内容で構成されています。

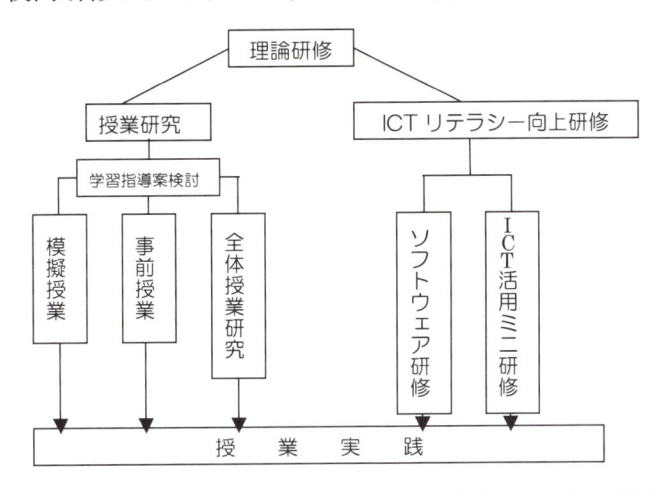

```
              理論研修
         ┌──────┴──────┐
      授業研究        ICTリテラシー向上研修
   ┌──学習指導案検討──┐   ┌──────┴──────┐
 模擬授業 事前授業 全体授業研究  ソフトウェア研修 ICT活用ミニ研修
         └──────┬──────┘
              授業実践
```

　研究をスタートするに当たって、年度初めに理論研修を行います。研究主題、方針について共通理解を図るための研究推進計画を資料とした研修です。合わせて、授業研究の進め方や学習指導案の形式等、その年度の研究のポイントとなる点について、確認や整理を行います。
　ICTリテラシー向上研修は、教員やソフトウェア開発会社の方が講師となり、必要に応じて行います。授業研究は、低・中・高・特別支援の四つのグループを基本単位としたブロック研修を中心に行います。
　授業研究とリテラシー向上研修の両方を行うことで、教員一人一人のICT活用のリテラシー向上を図りながら、実際にICTを授業でどのように活用したらよいか具体的に模索できると考えました。これら二つの研修を効果的に組み合わせて年間計画に位置付け、実施しています。

ICTリテラシー向上研修

＜ソフトウェア研修＞

　新しいソフトウェアの導入時に、使い方の研修を行います。職員が講師をしたり、製作担当者を講師に迎えたりするなどして行います。ソフトウェアだけでなく、デジタルカメラやデジペンなど、ハードウェアの研修も行いました。右写真は、開発会社の方を講師として行った学習者用デジタル教科書研修です。使い方や開発意図を聞き、実際にTPCで使っ

てみました。

＜ICT活用ミニ研修＞

　普段の授業でのICT活用実践を紹介する研修です。授業で実践した教員が講師となり、放課後20分～30分程度で行います。「できるだけ参加しよう」が合い言葉です。年間一人一回は講師役を務めます。

　右写真は、フラッシュ型教材の研修です。6年生担任が、普段の授業で使っているフラッシュ型教材を紹介しました。その他、自作教材、インターネットから検索できる教材、市販の教材を紹介し、その使い方を説明しました。

授業研究

　月1回の研究日を中心に公開授業に向けた学習指導案検討、模擬授業、事前授業を行います。

＜模擬授業＞

　教師を児童役とし、学習指導案と同じ流れで授業を行います。授業後、授業の流れや導入時の活動の有効性、児童がつまずきそうな活動への支援の方法などについて、児童役の教師が体験にもとづいて意見を出しながら具体的に検討します。

　右写真は特別支援学級の模擬授業です。単元「なかよし・さわやかカフェをひらこう」の学習で、交流学級の担任が児童役となりました。児童役として、○○さんはどのように発言するか、どのような反応をするかを考えることで、担任が提示しためあては適切かどうか、もっと分かりやすい発問の仕方はないか等、具体的に検討することができました。

＜事前授業＞

　同学年の学級で、その学級の担任、もしくは学習指導案を作成した教員が指導案と同じ流れの授業を行います。実際の授業を通して、ICT活用の効果や、時間配分などを検討します。

　右写真は第5学年体育の事前授業です。単元「マット運動」の学習で、公開授業と同じ学習指導案で1組の担任が2組で授業を行いました。授業後の協議では、VTRの再生のタイミングや、児童の話し合い活動をスムーズに行うための話型カード、準備運動の内容などを検討しました。

＜全体授業研究＞

　公開研究会も貴重な研修の場です。授業を終えたら全て終わりとならないよう、公開研究会後に、当日の協議会で出された意見を持ち寄り、校内で振り返りの協議会を行っています。右写真は、付箋紙を用いた KJ 法的な手法で、授業の成果と課題について整理しているところです。

研修実施における留意点

　研修を行っていく上で、研究を推進しやすいよう環境を整えることは重要であると考え、以下の点に留意しました。

・研修の見通しがもてるよう、事前に内容や日程等の具体的な計画を立て、一覧表を職員に配布すること。
・無理のない範囲で行えるよう、研究授業の日程を調整したり、研修の講師や授業提案者が重複しないようにしたりして計画すること。
・授業研究については、多くの職員ができるだけ参加しやすいよう、授業日の希望を事前にとり、できるだけ同じ時間帯に重ならないよう調整すること。時間帯も事前授業は6校時、模擬授業は会議等のない放課後（主に木曜日）に設定すること。
・全員が参加して研修や協議会を行えない場合は、撮影した記録を公開し、必ず全体で共有すること。写真は放課後、職員室の IWB でスライドショーで上映するようにすること。

といったような点です。

　こうした環境を整えることで、放課後の職員室で、授業づくりについての会話が次第に増えており、協働的な風土が醸成されています。

コラム

フューチャースクール　藤の木小学校に寄せて

広島県立教育センター指導主事　野上真二
（平成21年度〜平成24年度広島市教育センター、平成25年度〜広島県立教育センターに在職）

はじめに

　初めて藤の木小学校に伺ったのは、平成22年5月でした。総務省の「フュチャースクール推進事業」でICTを活用した授業をすることになったので、相談にのってほしいという依頼によるものでした。せっかくICTを活用するのだから、児童の興味・関心を高める授業がしたい、「分かった、できた」という喜びのある授業がしたいという授業者である渡辺教諭の思いを聞きながら、第3学年「表と棒グラフ」の学習指導案検討をしたのを思い出します。ICTを活用した授業をするのは苦手だと渡辺教諭は話されていましたが、どの場面でICTを活用すると児童に分かりやすい授業になるのか、どのように資料を提示したら児童に分かりやすいのか、と常に児童の立場から授業を組み立てようとされていたのが印象的でした。ICTありきではなく、児童の視点に立ってICTを活用した授業づくりを考えられていました。

まずはICT活用に慣れること

　今では日常的にICTを活用した授業を行っている藤の木小学校の先生方も、ICT機器導入当初はICT機器の操作に不安をもたれていました。まずは、教職員全員がICTを活用した授業を行い、ICT機器の操作に慣れることで、ICT活用に対する不安が軽減し、安心してICTを活用した授業が行われるようになったのではないかと思います。

ICTを活用した授業への意識変容

　授業でのICT活用に苦手意識をもっていた先生方も、実際にICTを活用した授業を行って児童の反応を見ることで手応えを感じ、ICTの授業活用に積極的になられました。

ICT支援員の重要性

　また、機器トラブルへの対応、授業のねらいに沿ったデジタルコンテンツの作成やサポート等は、ICTを活用した授業を行う際には必要であり、これらのことに対応するICT支援員の重要性を感じました。

情報の共有化

　さらに、放課後30分のミニ研修、休憩時間の情報交換等、ちょっとした時間に行うニーズに応じた情報共有が、日々の授業実践に役立っているようでした。

おわりに

　藤の木小学校では、校長先生のリーダーシップのもと、ICT支援員と連携しながら計画的にニーズに合った研修を実施し、今日のICTを活用した授業スタイルを確立されてきました。日々、ICTを活用した授業を実践されてきた藤の木小学校の先生方は、「フューチャースクール推進事業」実証研究校でしか味わえない喜びや苦労があったことと思います。

　最後になりましたが、今後とも「分かる、できる」授業のためのICT活用のさらなる研究及び実践を行っていただきたいと思います。

3 授業を支える ICT 支援員

　フューチャースクール推進事業では、各校に 1 名の ICT 支援員が配置されていました。本事業では、ICT 支援員は学校に常駐し、授業支援、ICT 機器の環境整備、教材作成などを主な仕事としていました。また本校には、広島市から派遣された ICT 支援員も常駐しています。ICT 支援員はその専門性を生かして研究に関わり、研究推進には欠かせない存在です。

ICT 支援員の仕事

　ICT 支援員の仕事には、主に環境整備・授業支援・教員支援の三つがあります。

＜環境整備＞
- IWB や TPC など機器のメンテナンス
- 新しく導入されたソフトのインストール作業
- サーバーやネットワークシステムの運用管理
- 資産管理台帳の作成、管理
- 進級に伴う機器の年度更新作業

　環境整備の仕事では、IWB や TPC といった個々の機器のメンテナンス作業はもちろん、サーバーやネットワークシステムの運用管理も行い、トラブルを未然に防ぐ仕事も行います。これらの仕事は、主に放課後や各学級の教室が空いている時間を利用して行うことになります。機器等を快適に使える環境に整えておくことは、授業がスムーズに進むことに直結します。表面には見えにくい仕事ですが、日常的に ICT を活用するうえで、重要な仕事です。

＜授業支援＞
- TPC や IWB の操作支援
- TPC や IWB のトラブル対応
- 機器やソフトウェアの設定
- ICT を活用した授業実践の記録の撮影
- 授業支援記録の作成

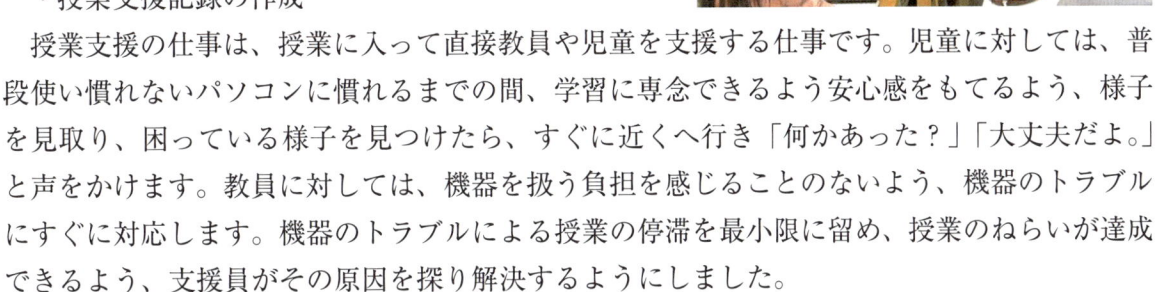

　授業支援の仕事は、授業に入って直接教員や児童を支援する仕事です。児童に対しては、普段使い慣れないパソコンに慣れるまでの間、学習に専念できるよう安心感をもてるよう、様子を見取り、困っている様子を見つけたら、すぐに近くへ行き「何かあった？」「大丈夫だよ。」と声をかけます。教員に対しては、機器を扱う負担を感じることのないよう、機器のトラブルにすぐに対応します。機器のトラブルによる授業の停滞を最小限に留め、授業のねらいが達成できるよう、支援員がその原因を探り解決するようにしました。

＜教員支援＞
- 教材作成、教材作成支援
- ICT 活用事例の紹介
- 授業や研修会の撮影、記録作成

教員支援の仕事では、教材作成が一番大きな割合を占めています。市販のデジタルコンテンツや教材は、まだ数が十分でない上に種類や活用方法が限定的なため、授業での活用が難しいのが現状です。そこで、授業者が必要とする児童の実態や授業のねらい・展開に応じた教材を、授業者と協働して作成をしました。授業者の考えを聞き、アイデアを提案し具体化していきました。

ICT支援員の仕事内容の変化

＜平成22年度＞

　平成22年10月、各教室に、IWB、一人1台のTPC、無線LAN、授業支援システム等が導入された直後は、無線LANやTPC、IWBの不具合によるトラブル対応などに追われました。初年度の支援の目的は「ICTを活用した授業をとにかく成立させること」でした。

＜平成23年度＞

　平成23年度は、授業でICTを使う段階から、使いこなす段階に移りました。ICT支援員の仕事も、環境整備や授業支援の他に、教材作成や教材作成支援が多くなりました。また、視察や公開授業等で授業を見せる機会が増えたため、授業の打ち合わせや、模擬授業、事前授業の準備の支援、授業記録としてビデオ撮影の仕事を行うようになりました。

　夏以降、広島市からICTサポート員の派遣があり、3名で仕事を行うことになりました。それにより、授業支援や教材作成をしっかり行うことができるようになりました。

＜平成24年度＞

　平成24年度には、ICT活用がかなり日常化し、「使いこなす」段階から「使い分ける」段階に移りました。初年度に比べ、授業支援やトラブル対応が減りました。また、教材を自作する教員が増えてきたため、ICT支援員の仕事は、ICTを効果的に活用した授業の提案や、実践の振り返りなどに変わっていきました。

　教員と一緒に教材研究をしたり、教員の授業意図を汲んだ教材の提案をしたりなど、3年間の実践を通して教員と支援員の関係が大きく変化しました。

＜平成25年度＞

　平成25年度は、学びのイノベーション事業により加配となった先進的ICT研究担当の教員と、広島市のICT支援員の2人体制でICT支援を行いました。機器の活用が4年目に入ったためか、メンテナンスの仕事も増えました。また、教員のICT活用スキルが上がったため、特定の学級の支援が少なくなり、各教室を巡回する形での支援や対応が増えました。

ICT支援員として心がけていること

　ICT支援員として心がけていることは、主に三つあります。

＜授業の意図を汲んで支援すること＞

　授業者が授業を進めている時に、児童からTPCの扱い方等について質問を受けることがありますが、「後で。」と言って、質問には答えません。授業の妨げになるからです。授業がうまく進むような動きを心がけています。

　一方で、支援員とはいえ児童にとっては先生です。学習規律等については、授業者と同じ姿勢でスタンダードに沿って指導するようにしています。

＜教員とコミュニケーションを図ること＞

　支援員にとって教員とコミュニケーションを図ることは大変重要です。手探りの状態で始まった中、機器のトラブルにすぐに対応できるよう職員室に常駐したり、授業の実践交流をリードしたりしながら、教員とコミュニケーションを図っていきました。支援員と教員のコミュニケーションが充実したことで、教員の持っている不安や疑問を解消することができ、結果的に多くの実践を積み重ねることにつながりました。

＜自己研鑽に努めること＞

　教員の意図を汲んだ教材作成やICTの効果的な活用を行うためには、教材についての知識やICT機器に関する知識が必要となってきます。そのために、ICT支援員も、学習指導要領に目を通したり、全国のICTに関する実践を収集したり、研修に参加したりするなどして、スキルアップを図っています。スキルアップを図ることで、ICT支援員としての仕事の幅が広がり、教員の要望に寄り添った教材を作成したり、効果的なICT活用の提案をしたりできるようになりました。

これからのICT支援員

　フューチャースクール推進事業、学びのイノベーション事業を推進する上で、ICT支援員の重要性と必要性は明らかでした。
　今後、本校のようなICT環境が全国に展開される上で、これからのICT支援員には、
・ハード面、ソフト面において、相応の知識とスキルを身につけていること
・支援員として学校に常駐すること
・教員や児童との良好なコミュニケーションが図れること
が必要とされると考えます。
　また、多くの自治体で学校へのICT機器導入が始まっています。今後教育の情報化を推進していく上で、ICT支援員との連携を位置付けた体制作りを整えていくことが重要であると考えます。

コラム

地域に住む ICT 支援員として

広島市 ICT 支援員　岡本眞理子

　広島市の ICT 支援員（藤の木小学校担当）として携わり今年で5年目になりました。引き受ける折、地域に住む者として小学校の役に立つことが少しでもできればとの思いでした。

　藤の木小学校が広島市のモデル校から日本のモデル校へと発展し、一人1台のタブレットパソコンなど整った ICT 環境に、「支援していけるだろうか」と不安になりましたが、タブレットパソコンを目の前にした児童のうれしそうな表情や、先生方がより良い授業をするため毎日研鑽を重ねられる姿に勇気づけられました。

　日々の取組の一つとして「デジタル歌詞カード」を作成しました。これは、特別支援学級の先生から、『歌を集中させて歌わせたい』という要望に応えるため試行錯誤しながら作成したものです。この教材が第4回 Microsoft 教職員 ICT 活用コンテストで優秀賞をいただきました。日本代表として、ニュージーランドやチェコスロバキアで、世界中の先生方の前で取組を発表できたことは、私にとって一生の宝物になりました。

　また、先生方と ICT 支援員が一体となって ICT を活用した授業を進めることができたことや、ICT 活用で児童の成長した姿をみられたこと、国の事業である「教育情報化総合支援モデル事業」「フューチャースクール推進事業」「学びのイノベーション事業」に携わり、未来の学校の姿を描いた事は、有意義で貴重な体験となりました。

　私は ICT まちづくりボランティアとして、11年間地域の公民館で活動していますが、参加された方に藤の木小学校の取組を紹介（Web ページ等）しています。今では3世代で参加する方もおられ、学校と地域が ICT でつながるコミュニケーションの輪が広がればと心から願っています。

コラム

私にとってフューチャースクールとは

フューチャースクール ICT 支援員　峯島崇征

　総務省「フューチャースクール推進事業」の ICT 支援員を務めると決まった時、私の脳裏に2つの思いが交錯しました。

　1つは、もともと教員になりたかったという夢から遠のいた過去の自分とどのように向き合えばよいかという葛藤でした。本当は教育が大好きで子どもたちと一緒に勉強したいという想いをずっと持っていましたが、結局、別の人生を選んだことへの後悔の念が自分自身を苦しめてしまうのではないかと考えたからです。もう1つは、教育情報化という壮大な国家プロジェクトの一端を担う責務を果たせるかどうかといった未知への疑問でした。前例のない取組の中で私が果たす仕事が、将来 ICT 教育に取り組む多くの人たちの手助けとなり、苦労や困難を少しでも解決する支援につながらなければならないと考えたからです。

　しかし、振り返ってみると、私はとても幸運だったことに気付かされました。赴任先の先生方は教育への想い熱く、とても立派な先生方ばかりでした。「新しい教育」に戸惑いながらも歯を食いしばって前へ進もうとする先生方の姿に感動し、私は迷いを断ち切り、ICT 支援員として全力で仕事に専念する勇気をもらうことができたからです。

　3か年はまさに「光陰矢の如し」でしたが、終わってみると、本校にはとても大きな成果がたくさん残りました。私は、フューチャースクールとは希望という大きな夢を乗せた「船」だと思います。子どもたちに「生きる力」をつけてやりたいと願う先生方や保護者など多くの人びとの想いを乗せた「船」なのです。私は、この名誉ある船の「乗組員」として働けたことに感謝します。そして、今度こそ教育のために生きる道を選ぶことができた自分を幸せだと思っています。

4 公開研究会

本校では、平成22年度2月に初めての公開研究会を行いました。機器の作動がうまくいくかどうかを検証する研究会でもありました。以後毎年行った研究会の概要を紹介します。

平成23年度

平成23年度は、11月と1月に公開研究会を行いました。低・中・高学年・特別支援学級で6つの研究授業を行いました。

第1回公開研究会　平成23年11月25日（金）

第1学年	図工科　「うつしてみると」　タブレットPC・写真	
	使う写真を確認している場面	TPC上の写真を見ながら紙版画を作っている場面
第2学年	算数科　「たし算とひき算の筆算」　タブレットPC・デジタルワークシート	
第4学年	算数科　「広さを調べよう」　タブレットPC・学習者用デジタル教科書	
第5学年	体育科　「マット運動」　タブレットPC・Webカメラ	
	本時の課題を動画で確認している場面	遅延再生機能で演技の様子を確認している場面
第6学年	社会科　「長く続いた戦争と人々のくらし」タブレットPC・デジタル資料集	
特別支援学級	生活単元学習「カフェをひらこう」　IWB・VTR	

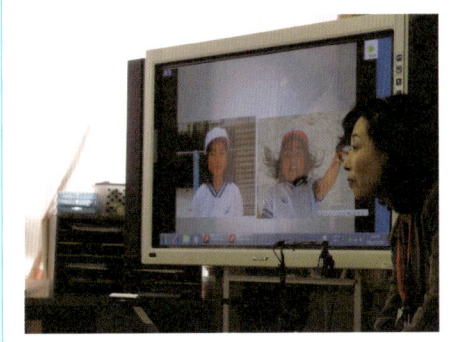

＜講演の概要＞

講師：玉川大学教職大学院　堀田　龍也　教授
演題：「ICTを活用したつながる授業づくり」

　授業の中では、いろいろなものがつながっています。子どもと子ども、子どもと教師など、これらのつながりが今までより一層深まり交流が活発に行われるにはどうすればよいか、

TPCやIWBでこれらのつながりをどのように加速させるかを、本校では研究しています。

　昨年度、本校は総務省の研究指定を受け、校内のインフラなどを整え、実験的な取り組みを始めました。その中でデジタルに変えているものもあれば、今までと同じアナログのものもあります。授業スタイルはそのままで、今までの授業とICTを上手に共存させる方法を考えています。

　例えば、目の前にTPCがあっても手悪させずに話を聞く、IWBで資料を見せながらも大事なことは板書する、TPCを使いながら話し合いをするなど、IWBやTPCを使っているところ以外は従来の授業と一緒なのです。学習過程の中で、ICT機器を使う使わないは、学習活動の内容を検討し、教師が決めることなのです。

　英国ではもっと割り切ってICT機器を活用しています。一斉学習では主にIWBを使い、個別学習ではTPCを使う。IWBを常設しているからできることでもあります。また、字の指導は実物投影機を使ったり、話型を示して活用できるように何度も言わせて鍛えたり、デジタルだけではできないことは別の手段でしっかりと指導しています。

　フューチャースクールは、次の学習指導要領の改訂で目指しているスタイルです。様々な変化は、それまでに緩やかに何年もかけて行われるものです。そのように遠くを見越しながら、今何をしなければいけないかを考える必要があります。

　また、TPCの値段や画面の見易さ、内蔵されるバッテリーなどは、まだまだ開発の余地がありますし、経費面ではランドセルのように個人負担で購入するのか、学習道具としてのTPCの使い方をどのように教えるのか、現在ある補助教材のような充実した教材の開発はどうするのかなど、これから学校現場でのICTがどうあるべきか、考える時期になっていると思います。

第2回公開研究会　平成24年1月27日（金）

第2学年	算数科	「たし算とひき算」　タブレットPC・デジタルワークシート

デジタルワークシートで個人思考をしている場面　　ワークシートに書き込んだ考えを発表している場面

第3学年	総合的な学習の時間	「安全への知恵」　IWB・ビデオ教材
第4学年	道徳	「感謝の気持ちをもって」　タブレットPC・デジタルワークシート
第5学年	算数科	「百分率とグラフ」　タブレットPC・学習者用デジタル教科書
第6学年	音楽科	「豊かな表現を求めて」　タブレットPC・デジタル音源
特別支援学級	国語科	「しっかり聞いて自分らしく話そう」　IWB・デジタル絵カード

＜講演の概要＞

座長：　　　　　　尚美学園大学大学院　　　小泉力一　教授
パネリスト：　　　広島文教女子大学　　　　高橋泰道　教授
　　　　　　　　　文部科学省生涯学習政策局　　　三谷卓也　企画官
　　　　　　　　　広島市立藤の木小学校　　　校長　堀　達司
　　　　　　　　　広島市立藤の木小学校　　　研究主任　小島史子

テーマ：「21世紀にふさわしい学びを考える」

三谷企画官　ICTを活用すると、より効果的に効率的に従来の授業が展開できるのではないかと思っています。学びのイノベーション事業は、フューチャースクールのICT環境を全国展開するときに、指導面ではどのようなことが必要なのか、どういった効果があるのか、そのあり方や効果を検証するために行っている事業です。総務省と協力しながらハード、ソフトの両面から取り組んでいます。

高橋先生　本校の実践は、授業が前提となっています。児童はTPCを自在に使いこなしますし、学習規律も定着し、学級の人間関係も十分に作ることができています。また、職員集団も、全員で研究に取り組み、ICTを使うという意識を持っています。課題把握をする場面ではIWBを使う、自分の考えを持つ場面ではTPCを使う、という使い分けが定着しています。また児童も、ICT機器を使いこなし、その利便性を実感しているようで、主体的な態度で学習に取り組んでいます。

小島　研究を進めていく上で大切にしたことは、授業研究を基本に据えたことです。授業のねらいを達成するためにどのような発問が必要か、どのような活動を組み立てればよいかなどの授業の基本を考えたうえで、学習を深めるためのICTの活用を考えるようにしたので、ICTを使いこなせなくても研究が進み、教員が同じ方向でまとまることができました。

堀　本校の環境では、児童がTPCに書いたものを瞬時にIWBに転送できます。学級全体に見せることの効果として、発表というより説明という感覚で子どもたちは話をするようになりました。また、TPC上では試行錯誤が容易にできるので、思考力も高まっています。以上を主な効果として感じている一方、課題として無線LANやバッテリーなどの機器のトラブルによってTPCが使えなくなる、IWBに提示されているものが見えないなど、授業を進めることができないということがあります。また、これまでの学びの文化をどうするか、今までになかった機器の操作をどうするか、といったことも課題です。

小泉先生　海外で、先進的に実践を行っているフューチャースクールも、現在の日本と同じような使い方をしています。ということは、ことさら新しい、または奇抜な使い方をする必要はないということです。教師の役割は、教授者から指導者に変わってきています。また、学習スタイルも習得から、活用、探求にシフトしてきていますが、その際にICTの活用が必要になります。スタイルが変化するには時間と忍耐が必要で、それを解消してくれるのがICTです。

平成 24 年度

平成 24 年度は、テーマ別に年 5 回の公開研究会を行いました。

研究テーマ「ICT を生かした つながる・広がる・深め合う授業づくり」を柱に、各公開研究会で、ICT を効果的に活用した授業づくりに取り組みました。

第 1 回公開研究会　平成 24 年 7 月 6 日（金）

テーマ「学習者用デジタル教科書の活用①」

第 6 学年	社会科「江戸の文化と新しい学問」タブレット PC・学習者用デジタル教科書

デジタル教科書を使って課題について調べている場面

調べたことを全体で共有している場面

＜講演の概要＞

講師：玉川大学教職大学院　堀田　龍也　教授
演題：「学びのイノベーション事業とは何か」

　世界各国と比べると、日本は学校でパソコンを使う割合がきわめて低いです。これは、学校ではパソコンがコンピュータールームに常設してあり、日常的な子どもの学習の場にないからです。学校の日常的な学習の場にパソコンを備えるとすると、どういう環境を整えればいいのか、どんな設定が必要なのか、ということを総務省が研究しています。そのためのモデル校がフューチャースクールです。

　今回の藤の木小学校の公開授業では、ICT を学習の中で有効に活用していました。TPC を使って動画の情報を自分のペースで読み取り、思考へつなげていたり、TPC のワークシートで自分の考えを書き、IWB で全体に共有したり、TPC を使って自分の考えを分かりやすく説明し、意見を交換していました。

　でも、パソコンを使えば児童の学習が自由になったというわけでなく、学習規律やルールは今まで通りにきちんとあります。パソコンという魅力的な道具を適切に使えるための、学習規律も必要です。パソコンから情報を得たり、ワークシートを使ったりしても、最後に学んだことをおさえるのは、今まで通り教師の仕事です。

　このように、ICT を活用した藤の木小学校の日常はどのようなものなのか、藤の木小学校がここまでどのように研修をやってきたのかなどのノウハウを参考に、今後の教育の情報化を進めていくことは大切だと思います。

第2回公開研究会　平成24年8月27日（月）

テーマ「教育の情報化　授業や校務はこうなる！」

第2学年	算数科「計算のしかたをくふうしよう」タブレットPC・教材作成支援ソフト （模擬授業　児童役：広島文教女子大学生と研究会参加者）

＜講演の概要＞

講師：筑波大学附属小学校　山本　良和　教諭

演題：「スクールプレゼンターを活用した算数授業」

　本時で活用したソフトは、現場の教員が作った教材作成支援ツールです。ソフトを使うと教材準備がすごく楽になります。また、提示する際に、絵を隠したり時間差で提示したりということも簡単にでき、画面に子どもが集中します。同じようなものを紙で作ることもできますが、時間と労力がいります。また、紙では不可能な操作もソフトを使うと簡単にできます。作成した教材を保存しておくと、翌年以降も同じように使えるので、ICTは子どものためだけでなく、教師にとってもよい面が多くあります。

　ICTは授業のメインではなく、手段や道具の一つです。TPCとノートをどのように使うかバランスを考えないといけません。同じく、IWBと黒板をどのように使うかバランスを考えないといけません。IWBに提示したものは次々消えてしまうので、消えてはいけないものは黒板に板書する、書き残したいものはノートに書かせ、操作させたいものはタブレットで行うなど、新しい授業設計の視点が必要になってきます。よりよいタイミング・場面を考え、導入で使うのか、まとめだけなのか吟味し、子どもの可能性を引き出せればと思います。

第3回公開研究会　平成24年10月18日（木）

テーマ「デジタルコンテンツを活用した授業」

第2学年	算数科「たし算とひき算のひっ算」タブレットPC・デジタルワークシート

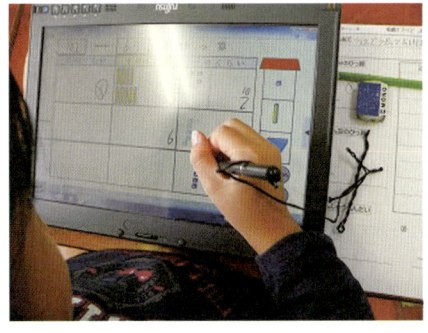

デジタルワークシートで作業している場面　　黒板を使って適応問題を解いている場面

＜講演の概要＞

講師：徳島大学　　矢野　米雄　名誉教授

演題：「21世紀にふさわしい学びとは何か」

　大学で教育工学の研究を長年行ってきて、「教育」という言葉の意味が、「教える」という

内容から、子どもたちが自ら学習する「学び」へと変わってきているのを感じます。

　私は、CAI（Computer Assisted Instruction　コンピュータ支援教育）の研究を行ってきました。CAIの特徴として、

　①一方向でなく、双方向である。②大規模なものではなく、個別的であるべきである。

　③あたり前でなくて、ゲーム性のあるものであり、意外性をもっているものである。

の三点が挙げられます。

　このCAIの欠点として「単に子どもに見せるだけではないのか？」「視聴覚教育の延長なのではないか？」「教師がいらなくなるのではないか？」「子どもは機械に教えられて受け身になるのではないか？」というような危惧がなされてきましたが、学習には楽しさをいかに取り入れるかが重要です。そのためにも、CAIは有効だと思います。

　鉛筆と同じように、道具としてパソコンを手軽に使える環境になることが望まれます。利用にあたっては、実際の現場の先生とシステム開発者と子どもたちが一体となり、今後の教育のために作り上げていきたいと思います。

第4回公開研究会　平成24年11月30日（金）

テーマ「フューチャースクール公開研究会」

第3学年	算数科　「小数」　タブレットPC・デジタルワークシート
	デジタルワークシートで個人思考をしている場面／自分の考えを友達に説明している場面
第3学年	算数科　「三角形」　タブレットPC・デジタルワークシート
第4学年	社会科　「きょう土をひらく」　タブレットPC・デジタル資料集
第5学年	社会科　「情報産業とわたしたちのくらし」　タブレットPC・動画資料
	電子黒板と黒板を使い分けている場面／動画を使って調べ学習を行っている場面
第6学年	理科　「月と太陽」　タブレットPC・デジタルワークシート

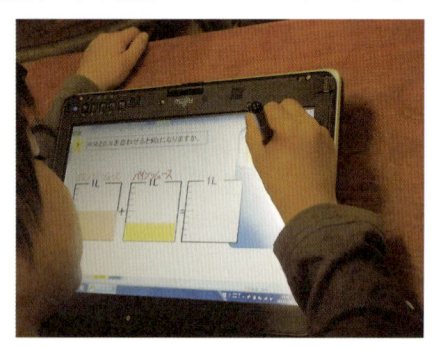

＜講演の概要＞
座長：　　玉川大学教職大学院　　堀田　龍也　教授
語り手：　広島市立藤の木小学校　校長　堀　達司
　　　　　広島市立藤の木小学校　生徒指導主事　有馬　朝路
　　　　　広島市立藤の木小学校　研究主任　小島　史子
テーマ「フューチャースクールの実践からその成果と課題を語る」

フューチャースクールの意義と実践（堀田先生）　PISAの調査結果によると、授業の中でのICTの活用率は、日本は17カ国中最下位となっています。今までのようなコンピュータ室中心のICT整備ではICTが日常化しないという問題意識を持ち、教室でTPCを活用した場合のいろいろなことを検討するために行っているのがフューチャースクール推進事業の意義です。

藤の木小の日常（有馬）　授業の中でTPCをどのように使っているのか、という日常についての話をします。TPCは毎日使うわけではありません。1日1、2時間ぐらい、1時間15～20分程度の使用です。TPCの授業での活用場面は、主に、デジタルノート、ワークシート、デジタル資料集の3つの個別支援ツールを使います。TPCの活用により、特に効果を感じているのは、TPCがあることで個人の活動が保障できたこと、共有の場面を瞬時に実現できることです。今では、児童にとっても教員にとってもICTのある日常が当たり前になっています。

藤の木小の研修（小島）　藤の木小学校の日常を作る上で、研修が大きな役割を果たしています。本校の研究構成は、授業研究とICTリテラシー研修の2本柱です。その中の、模擬授業、ICT活用ミニ研修について説明します。模擬授業では、教員が児童となり、発問やICTの活用場面などを検討します。ICT活用ミニ研修は、普段の授業で行ったICT活用の実践を、実践した教員が講師となり研修します。放課後の15分程度で行います。個人の実践を全体に広め、多様な実践を知る研修が気軽に行えることがメリットです。研修で得られた成果は、誰でも実践できる、実践の共有が容易になる、研修の日常性、同僚性が高まることです。今後に向けて、より安定した機器の整備、ICT支援員の存在が必要になってくると思います。

これからの学校の姿（堀）　ICTで得られた効果の一番は大型モニターで思考を見せることができたことです。このことにより、児童にとっては発表が説明に変わり、言語活動が向上し、相手を理解するようになり、自己肯定感が向上していじめや不登校が減少し、学力が向上したということ。教師にとっては、見せるものを考えるので教材研究が必要となり、学びの場を作る必要性を考えるようになり、教える仕事から学ばせる仕事へ意識を変えていったことが大きな変化だと思います。これからの教師の仕事は、教えることから学びを創ることへ変わってくると思います。また、タブレットがおもちゃにならないように、規律やマナーを学校で統一して教える必要性もあります。学校全体という視点での校長のマネージメントも重要です。

第5回公開研究会 平成24年12月14日（金）

テーマ「学習者用デジタル教科書の活用②」

第5学年　理科　「天気の変化」　タブレットPC・学習者用デジタル教科書

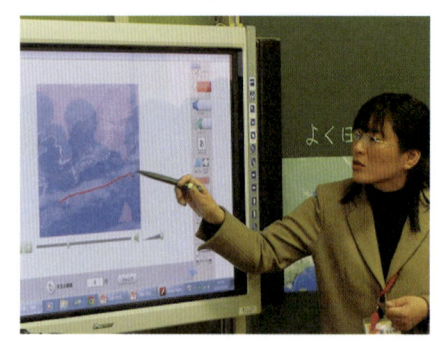

動画資料に書き込みをしている場面

デジタル教科書を使って調べ学習を行っている場面

＜講演の概要＞

講師：信州大学　東原　義訓　教授
演題：「学習者用デジタル教科書で広がる学び」

　デジタル教科書には、指導者用デジタル教科書と学習者用デジタル教科書があります。具体的な定義や決まりはまだありません。本日の授業で活用されたのは、学習者用デジタル教科書ですが、これは、紙の教科書をデジタル化しただけのものではありません。また、マルチメディアだけが特徴でもありません。学習者用デジタル教科書は、教師がカスタマイズすることができます。考えるべき課題に集中できるように、見せたいものと隠したいものを選んだり、拡大したりできるのです。簡略化して、大事なところに焦点化することもできます。書き込んだものを、友達や先生に送ることも可能です。

　現時点では、学習者用デジタル教科書はよさだけでなくむずかしさもあり完成型ではありません。発展途上と言えます。私たちはデジタル教科書の可能性を示すために、次のようなシステムを新たに開発して、実践しています。

　ソーシャル・リーディング機能です。タブレットPCの画面上で文章を読み、必要な文字に線をひいてデータを送信すると、多くの児童が線を引いた部分は太線で、少ない部分は細い線で表されます。コメント機能を使って書きこみをすると、誰がどこに注目し、どのように思ったのか、クラス全員のものを読むこともできます。「友だちの意見を見て、私の考えはこう変わっていった。」というように、自分の考えに、他者の考えが加わり、また新たな考えが生まれていくすばらしさがあります。また、クラス全員のコメントを読み合えることで、教師が誘導発問をしなくても、誰かが見て気付くことができ、児童同士での学び合いが深まっていきます。

　学習者用デジタル教科書がねらっているものは、自立・協働・創造の三つです。教師が一方的に教え込むのでなく、正解を教えない教育の実現を、ICTを活用して協働で作り出していきたいと思っています。学びのイノベーション事業でねらっている新たな学びの創造は、学ぶ内容の変革ではなく、学び方の変革なのです。

コラム

ICT活用による学びの充実

広島文教女子大学教授　高橋泰道

　藤の木小学校には、文部科学省「学びのイノベーション事業」の地域協議会有識者として、平成23年度後半から1年半の間、計7回の公開授業研究会の助言者として関わらせていただいた。ここでは、「ICT活用による学びの充実」と題して、公開授業研究会から見られる、藤の木小学校の特色ある取組や子どもたちの変容について紹介したい。

（1）子どもたちの様子

　まず、授業の様子で目を見張るのは、子どもたちの学びの姿である。意欲的に学習に取組、必要に応じて、タブレットPCを自在に使いこなす。また、友達を意識して話したり、友達の方を向いて話を聞いたりして共に学ぼうとする学習の構えができていることにも感心させられた。そこからは、共に学び合い、高め合う授業の基盤となる、学級としての学習習慣作りや人間関係作りが行われていることを感じ取ることができた。

（2）教師集団の取組

　このような子どもたちの姿が表出される背景には、やはり教師集団の授業研究集団としての組織化、共通理解が基盤にあると言えよう。教師自身が、ICTに「使われる」から「使う、使いこなす」への意識改革を行い、全学年を通じて学習環境の整備、ICTスキルの向上を図り、ICTの意図的、計画的、効果的な活用の工夫などを行ってきている。また、日々の授業から、学習過程を以下のように共有化し、そのプロセスの中で、ICTを有効に活用し、授業改善を図っている。

> ①課題を把握する（問題を見出す）……電子黒板の利用による問題意識の喚起
> ②自分の考えを持つ（予想、仮説）……タブレットPCを利用して考えをまとめる
> ③考えを発表する、共有する（ペア学習、グループ学習）……タブレットPCの利用→
> 　（全体で発表、説明、広げる）……タブレットPCから電子黒板での共有化
> ④話し合う（検討する、深め合う）……電子黒板と黒板を効果的に併用
> ⑤まとめる……タブレットPCの利用

　このような教師集団の研究的な取組が子どもたちの成長を支えていると強く感じている。

（3）子どもたちの変容

　数回の研究授業を通して、子どもたちの変容する姿、即ち「ICTに使われる」姿から「ICTを使いこなす」姿への変容を垣間見ることができた。

　課題に即して、タブレットPCを効果的に使い、主体的に取り組む個別活動。ペア学習、グループ学習を通して、自分の考えをタブレットPCで仲間と共有し、検討し合う協働学習。自分の考えを電子黒板で自信を持って説明する一斉学習での姿からは、子どもたちは、常時タブレットPCを使うのではなく、目的にあわせて、効果的に使用していることが窺われた。その姿は、子どもたち自身が、「ICTを使うと、簡単で、便利、分かりやすい、説明しやすい」、そして、「よりよく分かる」といった、ICTを一つのツールとし、その利便性を実感していることを物語るものであった。

　今後、21世紀のよりよい学びを目指していく上で、情報活用能力を育成し、生きる力を育むためのICT教育はますます重要視されるであろう。しかし、あくまでも子どもの主体的な学びのための一つのツールであることを忘れてはならない。教師自身が、教育方法の不易と流行のミックスバランスを図るとともに、子どもの思考に沿った教材作成、コンテンツの提供、改善を行い、子どもの学びの文脈に沿った意図的・効果的なICTの活用、必要感をもったICTの活用を授業の中に意図的、計画的に仕組んでいくことが大切であると感じる。

平成 25 年度

平成 25 年度は、年 3 回の公開研究会を行いました。

研究テーマ「ICT を生かした　個の学びを拓き深める授業づくり」を柱に、個人思考の場面で TPC を効果的に活用した授業づくりに取組みました。

第1回公開研究会　平成 25 年 6 月 5 日（水）

第 4 学年	音楽科　「拍の流れにのって表現しよう」タブレット PC・デジタル音源
第 5 学年	国語科　「新聞記事を読み比べよう」タブレット PC・デジタルワークシート

児童が使用したデジタルワークシート　　自分の考えを友達に説明している場面

＜講演の概要＞

講師：玉川大学教職大学院　堀田　龍也　教授
演題：「ICT を生かした　個の学びを拓き深める授業づくり」

　広島市ではこれまで、ICT の一般的な活用として、デジタルテレビや実物投影機の活用を行ってきたと思います。藤の木小では、電子黒板や実物投影機を使って、児童に教えることをやっていますが、これは、広島市が今まで取組んできたことと同じことです。これらに加えて TPC を使っている、というだけの違いです。藤の木小でも、実物投影機で紙の置き方を示し、指示を出して活動させるような活動を行っています。短い時間で確実にできる道具と思えば、ICT は特別なものではなく、いつでも使えるものになってきます。

　一方で、学習規律が定着していないと ICT を活用しても効果がありません。自分の考えを持てない児童には個別指導が必要になります。教科書の絵を拡大して提示しても、そのあと、どのように発問するかが大事です。TPC が導入されたからといって、授業が分かるようになるわけではないのです。つまり、今までやってきた指導法はやはり必要なのです。TPC が入ってくるからこそ、教師の指導力、規律の指導、基礎基本の徹底が大事になってくるのです。

第2回公開研究会　平成25年11月20日（水）

第1学年	算数科 「どんなけいさんになるのかな」 IWB・指導者用デジタル教科書
	デジタル教科書の資料を拡大提示している場面　　実物投影機を使って説明している場面
第2学年	国語科 「ビーバーの大工事」 IWB・指導者用デジタル教科書
第3学年	社会科 「わたしたちのくらしと商店の仕事」タブレットPC・デジタル資料集
第4学年	算数科 「分数」 タブレットPC・デジタルワークシート
第5学年	音楽科 「音楽の旅」 タブレットPC・デジタルワークシート
第6学年	体育科 「マット運動」 タブレットPC・カメラ機能
第6学年	言語・数理運用科 「お好み焼き物語」 タブレットPC・録音機能

＜講演の概要＞

講師：玉川大学教職大学院　堀田　龍也　教授
演題：「ICTを活用したこれからの授業」

　ICT活用には段階があります。広島市には、ほぼ全教室にデジタルテレビ、PC、実物投影機が整備されています。ICTは少し高価な教室環境だととらえ、基本は教師の道具として活用しましょう。でも、映しただけでは分からないので、内容を押さえるための発問や教材研究が必要になってきます。このように、ICTが導入されても、当たり前のことを当たり前にやることに変わりはありません。それは、フューチャースクールでも同じです。今日の授業では、課題を明確にさせる場面では教師主導、続いて、課題について自分の考えを持つ場面では子ども主導、その考えを全体で共有するためには、また教師主導に戻り、という感じで、教師主導と子ども主導の活動が行ったり来たりしていました。これは、今までの学習スタイルとあまり変わっていません。ということは、道具が便利になっても、授業のノウハウは教師が持っているということです。実際、黒板も多く使われ、板書技術を鍛えることもまだまだ大切だということが分かります。その他使われていた「発言モデル」も、「足場がけ」として大事なことです。だから、今できること、例えば、実物投影機とテレビ（モニター）を使って授業をしている人は、これからすること、例えば、タブレットPCが導入されても対応できるのです。今できることと、これからすることの順番が大事で、実物投影機があってテレビにつながる、ノートがあってタブレットPCにつながる、ノートを持っていく作業があって、無線LANでの転送につながる。これらを今、きちんとやっていれば、タブレットPCが導入されても怖くないのです。今あるものをしっかり使いましょう。実際に、OECDの調査では、授業での教師のICTの活用率は調査国の中で最低です。今はよくても、これから必要とされる未来型の学力はこのままではつかないかもしれません。だから、フュー

チャースクールの事業があるのです。

第3回公開研究会 平成26年1月31日（金）

第6学年　算数科　「資料の調べ方」　タブレットPC・学習者用デジタル教科書

学習者用デジタル教科書で授業をしている場面　　　　　講演の様子

＜講演の概要＞
講師：玉川大学教職大学院　堀田　龍也　教授
演題：「ICTを活用したこれからの授業Ⅱ　～学習者用デジタル教科書の活用～」

　今日の授業で活用した学習者用デジタル教科書は、まだ開発途中で製品ではありません。いずれ、児童がタブレットPCを持って学習することが現実になると思いますが、導入された時に研究を始めても遅いので、フューチャースクールや学びのイノベーションなどの先進的な実証研究が行われ、現在はそれらを参考に、いくつかの自治体でICTの導入が始まっています。

　子どもは、学習内容を教えないと考えることができません。授業には、習熟と思考の両方の活動が必要で、そのためには学習内容を早く教えて、そのあと考えさせることが大切です。手作業で時間がかかる活動や、多くの内容をこなさなくてはいけない時にICTを活用するといいと思います。

　OECDの調査では、（学力のレベルが）2以下は就職が難しいと言われていますが、日本は3割の生徒がそのレベルにあてはまります。授業についていくのがしんどい子を、分かるまでどのようにして教えるか、ということを考えると、問題解決学習ばかりでは難しいと思われます。全ての子にしっかりと教えるには、教科書に沿ってきちんと指導することが大切だと思います。教科書には、先の学習内容まで書いてあるので、授業で考えさせたい場面をしぼりこんで必要なことを板書で提示することができます。

　実物投影機を使えば、その提示が簡単にできます。さらに、指導者用デジタル教科書では、動画で提示することもできます。ICTを使う時も、板書を使って行うのと同じように提示するものを吟味する必要があり、デジタルの教材＋指導法で初めて効果が上がるのです。学習者用デジタル教科書に期待することは、教科書が持つ教材としての質の高さ、従来の教科書にはないデジタルの機能が生かされることではないでしょうか。

56　2章　藤の木小学校の授業

3章 ICT活用実践例

1 IWB編

全学年　日常生活　ノート指導

1. 実物投影機を活用したノート指導

教材提示装置で簡単！ノート指導

IWBに映すだけで簡単にノート指導ができます。事前の準備はいりません。

ノート指導をしている様子　　　児童がノートに書いている様子

実践の概要

　黒板に板書したものをノートに書かせると、どこにどう書いたらいいか分からなくて困っている児童がいることがあります。特に、低学年や年度初めのノート指導でていねいな指導をしたいときには、黒板を見てノートに書きやすいように、ますの数を数えて書いたり、ます黒板にビニールテープを貼ったりしていました。しかし、行数をそろえることまではできないことが多くありました。ノートを拡大コピーしたものを使って指導したこともありますが、用意に時間がかかり、エコの観点から考えても多用することが難しいのが現状です。
　実物投影機を使って教師がノートに記入して提示すれば、事前の準備をすることなく簡単にノート指導することができます。

ICT活用のための準備

　実物投影機があれば、他に準備はいりません。児童が使用しているノートを使って指導します。

実践の様子・児童の反応

　実際の指導では、教師が児童が使っているものと同じノートに書きながら説明します。書く

ことを説明して書いたり、教師が先にある程度書いてから児童に見せて書かせたりするのは、黒板を使ってのノート指導と同じです。IWBに提示しながら指導するよさは、児童が使っているノートと同じもので提示できることです。1ます空ける、1行空ける、行をそろえるなどの細かい部分を実際に書きながら指導できます。黒板に書きながら指導すると児童に背を向けないと書けませんが、実物投影機を使うと児童の反応を見ながら記入することができます。また、字を書くことが難しい児童にとっては、今、どこを書いているのか分かりやすいようです。

特に、分度器やコンパスの指導は、教師用のものと児童用のものがかなり異なるので、黒板で説明しても分かりにくいようです。分度器の指導では、透明のシートで分度器を自作することもできますが、手間がかかり、児童が発表する時に使うにはかなり無理があります。実物投影機を使えば、児童が使うのと同じように提示できますし、児童が発表するときも実際にやりながら説明することができます。

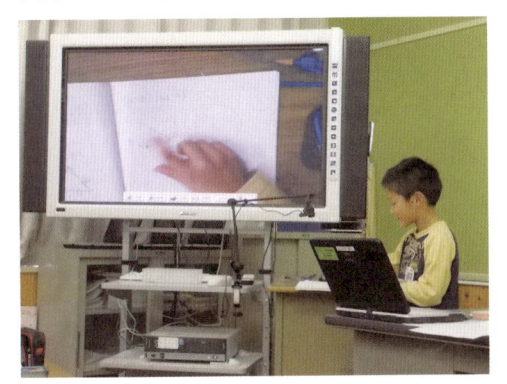

本校では、自分の考えを発表する場面でも実物投影機を使ってIWBに提示しています。特に、作図やブロックなどの操作活動では、実際に教師や児童が個人思考の場面で使ったものと同じ道具で説明できるので、発表しやすいようです。その上で、児童の考えを整理して板書するようにしています。また、児童の学習の過程を提示したい場合は、写真を撮って提示しています。ウィンドウズフォトビューアーを使って提示すると、矢印を使って次の児童の考えを提示できますし、スライドショー機能を使うと自動的に次々提示してくれるので、考えが浮かばない児童の参考になっているようです。

実践をふり返って

実物投影機でIWBに写真を提示することで、ノートにきちんと書くことが難しい児童が何とか書こうとするようになってきました。黒板のどこを見ればいいか分からない児童にとってIWBを見れば分かるという安心感にもつながっているように思います。また、自分の考えがIWBに載るというのは、児童にとって認められる場になっているようです。

今、学習しているページがIWBに提示されていることで、「教科書のこのページを見ればいい」ことをつかめる児童もいます。いろいろな児童がいる中で、IWBに提示することで、その場その場に応じて児童の実態にあった支援ができ、活用の効果が大きいと感じました。

1 IWB編

実物投影機活用　第6学年　家庭科　「ナップザックを作ろう」

2. 実物投影機を活用した裁縫指導

よく見て理解！実物投影機を利用した裁縫指導

実物投影機をデジタルテレビにつなぎ、製作過程を映しながらナップザック作りの指導を行った実践です。

ナップザックを製作している場面 　　実物投影機を使って説明をする場面

実践の概要

　この実践は、第6学年家庭科のナップザック作りの実践です。ミシンを使っての作業が中心となるため、まず第一に、けがが起こることのないように、安全にミシンを使っていけるようにすることを大切にしました。そして、丈夫なナップザックに仕上げることを目標としました。
　手順を説明する際には、児童と同じ布（印は分かりやすく濃くつけたもの）を実物投影機に映し、作業に必要な部分を拡大しました。そして、「この線をこのように折って、ここをまち針でとめましょう。」というように、まずは児童に作業の様子を見せました。また、見せたい部分を実物投影機で撮影し、写真を映して説明を補足するようにもしました。そして、「今、説明したところまでやってみましょう。」と作業に移らせるようにしました。同じようにできているかを班で確認し合うようにし、全員が縫う準備ができてからしつけ縫いやミシン縫いに移らせるようにしました。

60　3章　ICT活用実践例

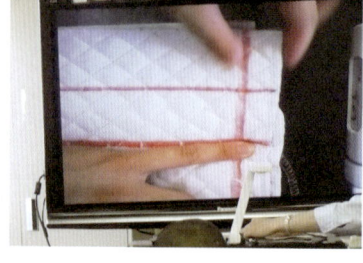

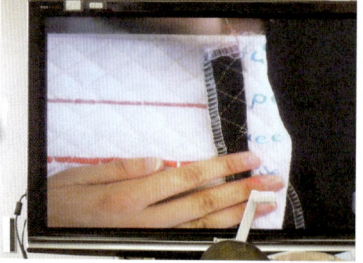

🟥 ICT活用のための準備

　デジタルテレビと実物投影機とパソコンは普段からつないであります。そのため、今回の授業のために準備したものは、実物投影機に映し出すための教材です。視覚的に分かりやすくなるように、印を大きくつけています。

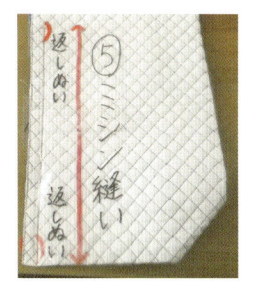

説明の際に活用した教材

🟩 実践の様子・児童の反応

　実物投影機で作業の様子を見せながら説明することで、児童の視線はテレビに集まり、集中して話を聞くことができていました。話を聞くことに加えて視覚的な支援が入ることによって、正確に理解できる児童が多くいました。一斉指導をすることで、落ち着いた雰囲気で作業を進めることができ、迷っている児童も、助け合って作業できていました。

　個人作業に入ってからは、一つの作業が終わったら次にすることを板書しておくようにもしました。個人作業では、保護者ボランティアの方に支援をしていただきながら個別指導を充実させました。けがもなく、全員完成させることができました。

📎 実践をふり返って

　一斉に指導する際に視覚的な支援を十分に取り入れて見えにくい部分を拡大して見せながら説明をすることで、児童の理解度が増すと感じました。しかし、一斉指導だけで理解できない場合は、実物をそばで見せながら説明することも必要であると感じました。

　間違えたまま縫い進めてしまった児童は、糸をほどいてやり直しをし、進度が遅れてしまうことがありました。裁縫の経験のまだ浅い子どもたちにとって、裁縫が好きかどうかは、満足のいく作品が作れたかどうかで左右されると思います。『何をすればいいのか分かりません。』『間違えました。』という児童の困ったことが減ると、作業の効率もあがり、安全にミシンを使うことができます。『作るのが楽しい』と思えるようにするためにも、一つ一つの作業を大切にし、納得のいく作品に仕上げることができるようにすることが重要なのだと感じました。

1 IWB編

第1学年　国語　「いろいろなふね」（東京書籍）

3. 国語の指導者用デジタル教科書の授業例

指導者用デジタル教科書を使用した実践

国語の指導者用のデジタル教科書を使用して、線を引いたり写真を見たりしました。

指導者用デジタル教科書　　　　IWBで写真を見ている場面

実践の概要

　この実践は、第1学年国語「いろいろなふね」の実践です。

　指導者用デジタル教科書には、本文を音読してくれる機能があります。全文再生か部分再生かを選べるので、全文聞かせたい場合と、部分で聞かせたい場合と、どちらにも使えます。

　教科書に載っている写真をクリックすると、大きく提示することができます。大きな写真の方が子どもたちの興味をひきつけ、細かいところまで見せることができます。船の写真を見て、気がついたことや見つけたことを発表し合いました。IWBの写真の前に立ち、指示棒で指すことで、他の児童に分かりやすく発表することができます。それぞれの船の写真を見ることで、役目を具体的に知ることができました。他にも、船の構造や装備にまつわる別の写真や動画をIWBで拡大して見せ、理解の助けとしました。

　電子黒板には、デジタル教科書に線を引いたり、色をつけたり、字などを書き込める機能があります。

　船ごとに、どんなことをする船か、そのためにどのような工夫があるかを読み取ることをめあてとして船の役目と工夫に線を引かせます。本実践では、どんなことをする船かを赤で、そのためにどの

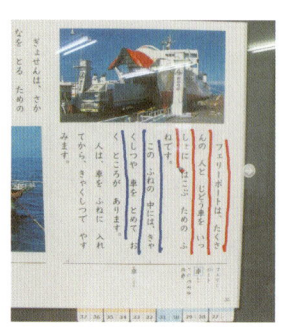

62　3章　ICT活用実践例

ような工夫がしてあるかを青で色分けしました。色分けすることで、役目やそのための工夫について視覚的に分かり、大事な言葉を見つけながら読み取ることができました。

　教師が、児童と同じ教科書に線を引くことで、どの児童にも指示が通っていました。1年生に、言葉だけで、線を引く場所を理解させるのは難しいのです。教師が読んでいる場所がどこなのか、分からない児童や間違えて線を引く児童、聞き逃してしまった児童が必ず出てきます。けれども、指導者用デジタル教科書を使えば、教師の演示を見て同じように線を引くだけなので、指示が通りにくい児童にも分かりやすいものになります。

　最後には、どの船についても同じように役目と工夫に分かれていること、役目の後に工夫について書かれていることについて、色を見て振り返ることができます。それによって、事柄の順序と、説明のための文型を理解することができました。

ICT活用のための準備

　今回の授業のために準備をしたのは、指導者用デジタル教科書です。単元の前に、中身を見て確認しました。

実践の様子・児童の反応

　児童は、よく知っている乗り物の船が教材ということで、興味をもって学習していました。多くの児童が船にいろいろな種類があることを知っていましたが、船ごとの役目や工夫については知らない児童もいました。デジタル教科書を使い、児童の教科書と同じように線を引くことで、どの児童も間違えることなく、線を引けていました。三つ目、四つ目の船になると、児童自ら線を引き、どんなことをする船か、そのためにどのような工夫がしてあるかを読み取ることができました。

　大きな画面で写真を見せると、迫力もあり、集中して前を向いていました。気付いたことや見つけたことを発表するときも、前に出て説明できるので、他の児童にとっても分かりやすい発表となりました。IWBの前に出て発表することで、発表意欲も高まっていました。

　また、船の構造や装備にまつわる別の写真や動画を拡大して見せることで、新たな気付きも生まれ、学習の助けとなりました。客船の様々な部屋の様子や、漁船につんであるものなどを見せました。特に、動画は集中して見ていました。船が海の上を動く様子や、消防艇の水が出る様子など、とても喜んで見ていました。

実践をふり返って

　教科書に線を引くという単純な作業ですが、1年生には言葉だけでは難しい指示です。黒板に同じように書いても指示はできますが、指導者用デジタル教科書だと、児童と同じ物ですぐに提示することができます。写真も、コピーしたりスキャンしたりする手間がかからず、すぐにきれいに大きくなるので、大変便利です。

第5学年　社会　「私たちの生活と食料生産」（東京書籍）

4.社会の指導者用デジタル教科書の授業例

社会科で指導者用デジタル教科書を活用した授業

指導者用デジタル教科書に収録されている動画を使うことにより、教科書の写真よりかつお漁の様子がよく分かるようになる。

教科書に載っている一本釣り漁と巻き網漁の写真資料　　デジタル教科書では写真右下のアイコンをクリックすると動画が現れる。（東京書籍　新しい社会5年上）

実践の概要

　この実践は、東京書籍の指導者用デジタル教科書を使った社会科の授業の実践です。本時は、一本釣り漁と巻き網漁の写真からそれぞれの漁の特徴を読み取り、かつお漁の工夫をとらえることをねらいとしています。

　紙の教科書を使った授業では、見開きのページに提示された写真と文章から一本釣り漁や巻き網漁に関心を持ち、どちらの漁法にも特徴や工夫があることに気付かせる学習になっています。デジタル教科書では写真の下のアイコンをクリックすると、一本釣り漁や巻き網漁の動画が現れます。一本釣りで釣られた後のかつおの様子や、巻き網から流れて落ちてくる大量のかつおの様子など、写真だけでは得られない大量の情報を得ることができます。そのため、漁法に対する関心や特徴や工夫に対する理解も一層深まります。

ICT活用のための準備

　特別な準備はいりません。パソコンの中にあるデジタル教科書（社会）を立ち上げるだけです。

実践の様子・児童の反応

　実際の授業では、①一本釣り漁の教科書の写真とデジタル教科書のビデオを見て一本釣り漁の様子を調べる②同じく写真とデジタル教科書のビデオから巻き網漁の様子を調べる③２つの漁の特徴を調べる④２つの漁でとられたかつおは鰹節と刺身のどちらで食べられるのか考える⑤なぜかつお漁は２種類あるのかまとめる、の順で行いました。児童は、興味を持って学習し、大量のかつおをとれる巻き網漁の良さ、鮮度がよく、かつおに傷が少ないため生で食べられる一本釣りの良さに気付くことができました。これも動画による情報があったからだと思います。

実践をふり返って

　社会科の指導者用デジタル教科書には動画がたくさん組み込まれています。かつお漁だけでなく、多くの場面で学習を深めることができました。かつお漁の次の授業では、水産加工団地の水野さんの話を学習します。教科書では顔写真がありコメントが載っています。デジタル教科書では動画で水野さんがインタビューに答えてくれます。６年生の歴史学習では、能や狂言を動画で見ることができます。

　そのため、紙の教科書に比べ水産加工団地が児童にとってより身近なものに感じられたり、能や狂言の雰囲気を感じとったりすることができます。さらに、デジタル教科書は、グラフの表題を消したり、グラフを途中で止めたり、土地利用図の田だけを表したりして、児童に隠したところを考えさせることが簡単にできます。

　これから社会科のデジタル教科書は授業の必需品になると思います。

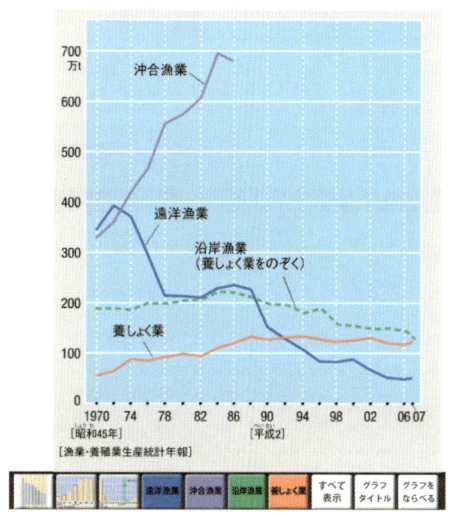

折れ線グラフを途中で止めて続きを予想させたり、表示を消して何のグラフか調べさせたりできる。（東京書籍　新しい社会５年上）

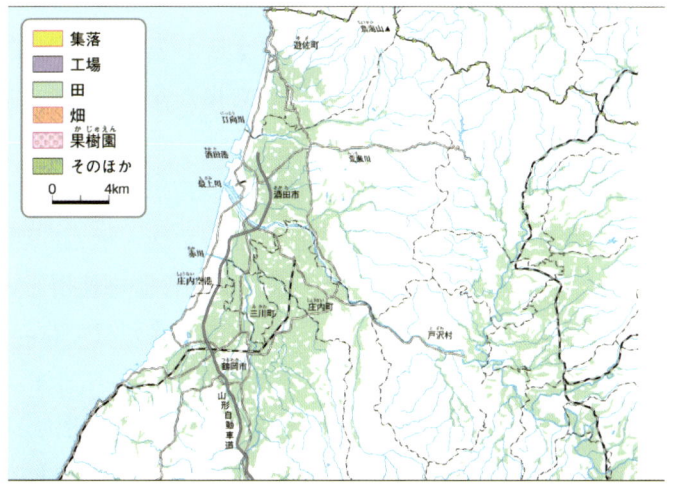

田だけを表示した庄内平野の土地利用図
表示を絞り土地利用の様子を焦点化して児童に気付かせることもできる。（東京書籍　新しい社会５年上）

第5学年　算数　「形も大きさも同じ図形を調べよう」（東京書籍）

5.算数の指導者用デジタル教科書の授業例

児童の動かす図形の先に　全目線がくぎづけ！

IWB上で、指導者用デジタル教科書を使う活動を通して、わくわくしながら図形の合同の導入を学習できる実践です。

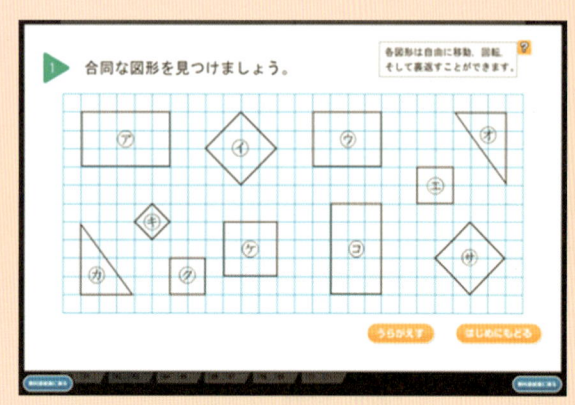

授業で使用した教材

IWBの前で教材の説明をする場面

実践の概要

　第5学年算数「形も大きさも同じ図形を調べよう」の第1時における実践です。この授業では導入と練習問題紙の2回、指導者用デジタル教科書を使用しました。

　まず、導入では教科書の写真をパワーポイントに貼りつけたものをIWBに映しました。「写真のような床を見たことがありますか」という質問で全体を大きく映した後、「では、近づいて見てみるとどんな模様が見えてきますか」と写真をとなりの拡大した写真にずらし、焦点を図形のしきつめに向けました。そこから出た意見を基に、ぴったり重なる図形を見つけようというめあてのもと、授業を展開しました。

　あらかじめ切り取っておいた三角形、四角形を使い（教科書の後ろのページに付属しているもの）ぴったり重なる図形を探す活動をした後、練習問題に取り組みました。そして、全員で答え合わせをする際に、指導者用デジタル教科書を使用しました。児童がIWB用のペンを使い、ぴったり重なるかどうかを確認します。教科書だけでは、児童の中には「これは本当にぴったり重なるのかなぁ」と疑問がでてくる可能性があります。かといって、全部で11個ある図形をすべて先生が手作りするとなると……ものすごい労力が必要となります。デジタル教科書上では、児童は自由に図形を移動させることができるだけでなく、裏返したり、回転させたりすることも簡単にできます。また、本時のめあてである"ぴったり重なる"ということを操作を通して実感することができます。

ICT活用のための準備

　今回の授業ではパワーポイント資料を準備しました。といっても、指導者用デジタル教科書上の写真を画面ごとコピーし、そのまま貼りつけるだけです。あとはIWBで映した際に拡大機能を使って、「遠くから見る地面の模様」→「近づいて見る地面の模様」というように、子どもたちが図形の模様に注目するような工夫をしました。画面上で動かす際は、IWB用のペンを使うと便利でスムーズです。あえてパワーポイント資料にした理由は、指導者用デジタル教科書では、写真以外の情報もIWBに映ってしまい、児童の目線がばらばらになる可能性があったからです。練習問題に関しては、活動前に指導者用デジタル教科書をIWB上に映しておくだけで、特に準備は必要ありません。

実践の様子・児童の反応

　導入の際は、写真に注目できる工夫をしたことで、「同じ形」「同じ大きさ」といった、合同な図形のポイントとなるつぶやきがいくつも出され、「本当に同じ図形？どうやってたしかめるの？」と、しっかりとゆさぶりかけることができました。また、練習問題では、ぴったり重なるかどうか分かりにくい図形があり、いざ重ねてみるとわずかに重ならず、IWBの拡大機能を使って確かに重なっていないことが確認できると、「ほんとだ〜」「やっぱり！」といった声があがりました。児童は「ぴったり重なる関係＝合同である」という定義をスムーズに学習することができました。

児童が前に出てIWBを使って説明　　回転・反転・移動が自由にできる

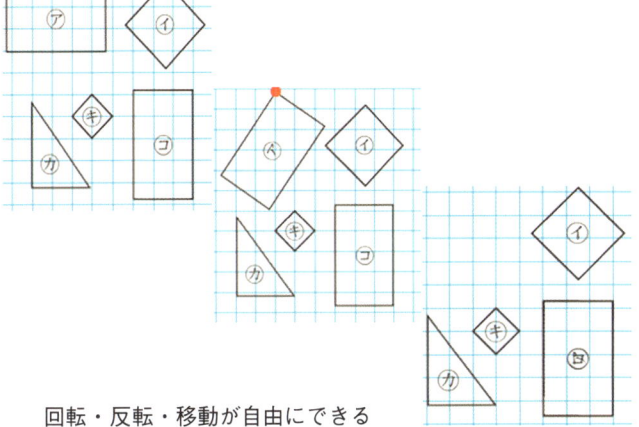

> **実践をふり返って**
>
> 　この単元では、「ぴったり重なる」ということを児童が実感するためには、やはり実物を使用することが一番だと考えます。しかし、限られた時間の中でよりよいものを、となると指導者用デジタル教科書は大変便利です。IWB上で実際に児童が動かすので、興味関心という面でも効果的です。また、今回のように授業の中で使用場面をあえて最初と最後というように制限することで、児童の気持ちを効果的に切りかえることができ、集中力の持続につながります。

指導者用デジタル教科書　第3学年　理科　「チョウを育てよう」（教育出版）

6．理科の指導者用デジタル教科書の授業例

最後に確認！チョウの成長

理科では観察や実験を大切にしたい。しかし、実際に観察や実験をすると、見逃してしまう過程も出てきます。観察や実験を振り返ったりまとめたりするのに効果のあった実践です。

授業で使用した指導者用デジタル教科書のページ　　教材を提示する場面

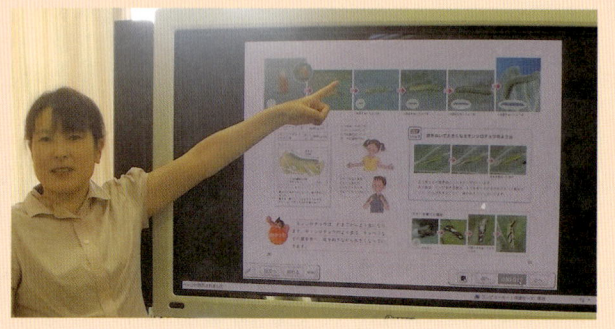

実践の概要

　他の理科の学習と同様、『チョウを育てよう』も観察を重視したい単元です。実際に、学級園のキャベツで卵を探してその小ささに驚いたり、さなぎから成虫に羽化する様子を見て感動したりという活動は、ぜひ、体験させたいものです。しかし、休日にかかったり、うまく成長できなかったりして、どうしても見逃してしまう過程が出てきてしまいます。

　今回は、卵、幼虫、さなぎ、そして、成虫に羽化する瞬間を観察することができました。しかし、一匹のモンシロチョウを卵から成虫まで順を追って観察することはできませんでした。そこで、チョウの成長過程を順を追ってまとめるために、指導者用デジタル教科書を活用しました。

ICT活用のための準備

　本単元の授業のための準備は、特にありません。写真をクリックすると、ビデオクリップが出てくる写真もあるので、事前に、指導するページの写真がどうなっているのかを確かめておくとよいです。

実践の様子・児童の反応

　実際の授業では、児童と探した卵や幼虫を学級園のキャベツで育て、成長を観察しました。卵やいろいろな成長段階の幼虫がいたため、児童が実際に観察することができました。また、さなぎまでに成長した個体がたくさんあったので、羽化のチャンスをうかがい、ビデオにとりながら同時にIWBで映し出し、羽化の瞬間を全児童一緒に見ることができました。

　その後、幼虫の育ちを確認するとき、指導者用デジタル教科書を活用しました。

　まず、教科書画面で成長の過程を確認しました。それから、卵の写真をクリックすることで、写真を全画面に提示しました。それから、矢印を押して成長の確認をしていきました。写真が鮮明で、定点で撮ってあるので、成長の過程を分かりやすく確認することができました。特に、卵から幼虫が出てきた場面は実際には観察できなかった場面で、児童は興味を持ってみていました。また、連続してみることで、大きさや色の変化に気付くこともできました。今回は、さなぎから成虫になる瞬間を実際に観察できたので使いませんでしたが、見逃した場合は、ビデオクリップもあるので活用するとよいと思います。

　さらに、教科書にはアゲハも載っています。教室では、アゲハの観察はできなかったのですが、IWBで提示することで、モンシロチョウの成長と比較することができました。

実践をふり返って

　今回、指導者用デジタル教科書の「チョウの成長」の過程をIWBで映し出したことで、実際に観察したことを思い出しながらまとめることができました。実際に観察したときに、見過ごしていた色や大きさの変化に気付くこともできました。児童が実際に育てた幼虫の写真の提示もしていますが、実際に育てた写真は経験の想起に役立ちます。両者を併用することで、経験が理解につながりました。

　日々の授業では、写真やビデオを撮ることが時間的・技術的に難しいことが多いのですが、視覚的な資料は児童の理解を深めることができるので、まとめの場での活用に効果的でした。

| 第6学年 | 書写 | 「字配り・配列（世界平和）」（東京書籍） |

7. 書写の指導者用デジタル教科書の授業例

ていねいに効率よく運筆を指導する実践

指導者用デジタル教科書にある動画をIWB上で再生することで、お手本と同じ運筆を効率よく指導することができる実践です。

授業で使用した教材

IWBの前で教材の説明をする場面

実践の概要

　この実践は、第6学年書写「字配り・配列（世界平和）」の実践です。学習する単元は、字間・行間の余白や中心線の位置などを考えながら、文字の練習をすることをねらいとしています。
　今までの書写の授業では、毛先の動きや運筆などを児童に指導する場合、水黒板を使って前で演示をしていました。演示をした後は、児童に一斉に書かせ、教員は机間指導をすることが多く、その際は、児童は手元にあるお手本を見ながら練習していました。そうすると、教員が前で演示をしていた時に見逃した児童は、もう一度その様子を確認することはできませんでした。また、机間指導では、教員が児童の半紙の上で運筆等を指導するので、一人の指導に時間がかかりました。
　そこで、運筆等をていねいに効率よく指導するため、動画を活用する指導を考えました。指導者用デジタル教科書に収録されている動画をIWB上で再生します。再生する場面は、一斉指導の時と、机間指導をしている時です。一斉指導の際には、動画を使って、水黒板上では分かりにくい筆の運びや運筆を確認し、机間指導の時には、動画を連続再生して児童が迷ったときにIWBを見て動画で確認することができるようにしました。

ICT活用のための準備

　今回の授業のために準備をしたことは、特にありません。

あらかじめ指導者用デジタル教科書に収録されている動画を確認し、授業で必要な場面になったら再生します。

実践の様子・児童の反応

　動画のお手本の手元や毛先の動き、運筆等を分かりやすく見ることができるため、児童から「そうすれば書けるのか。」「きれいな字を書くためには、ここが大事なんだ。」という気付きが多く聞かれました。また、お手本が書く字を見て、書の持つ美しさに感心したり驚いたりしていました。お手本のようにきれいに書いてみたいという願いから、関心・意欲が高まっている様子も見ることができました。

　また、机間指導の際にも動画を再生することで、教員が直接指導しなくても、児童が動画から書き方を確認することができ、その結果、教員は、本当に支援を必要としている児童に関わる時間を多く確保できました。

　動画を利用することで、児童一人ひとりに応じた充実した指導を行うことができたと感じています。

実践をふり返って

　教員の中には、筆を使って字を書くことが苦手な人もいます。また、苦手でなくても、黒板に立てかけられた水黒板に、児童から見て分かりやすく字を書くことはけっこう難しいです。それが、動画を使うことで克服できるのは、教員にとってもありがたいことです。

　実物投影機を使って指導することもできますが、実物投影機はその場で教員が書いている時しか書いている様子を確認できません。そういう点からも、教員の机間指導中でも再生できる動画はとても便利です。

1 IWB編

自閉症・情緒障害特別支援学級　国語　「じごくのそうべえ」(童心社)

8．挿絵提示で文章読解の支援

挿絵を手掛かりにして話の面白さを味わう実践

IWB上で、話の進展に沿って動く挿絵を手掛かりにして噺（話）を読み取りやすくした実践です。

授業で使用した教材　　　IWBの前でお噺を語る場面

実践の概要

　この実践は、自閉症・情緒障害特別支援学級（1年〜4年）国語「じごくのそうべえ」の実践です。学習する単元は、上方落語「地獄八景亡者戯」（桂米朝）から絵本化された絵本を使用しました。噺の落語独特の語りを味わい楽しみ、内容を読み取り、登場人物一人ひとりの人物像の特徴を考え、理解することをねらいとしています。

　一般に本学級の児童のように自閉症スペクトラムの児童の場合、聴覚刺激だけでは理解が不十分で、絵や写真のような視覚刺激を併用することが望ましいとされています。今まで通りの授業のように、教科書を読む、ノートに書く、話し合うといった授業の流れの中では聴覚刺激に頼り、継時処理（話し言葉のように情報が次々提示されるが残らない）がスムーズにできなければ理解は困難であると言えます。

　そこで、噺の展開についていきやすくするため、展開に合わせて挿絵の上で登場人物等がアニメーションのように動き、噺の内容と挿絵が一致するように工夫しました。児童にとって視覚刺激として挿絵を見ることが噺の内容を同時処理（地図を見るように必要な情報が一度に分かる）の方略でできるように手掛かりを残しました。また、人物像の特徴を際立たせ、児童が考え、探りやすくするため地獄を巡る4人の登場人物の職業に着目し、IWB上に選択肢も用意しておきました。

ICT活用のための準備

　今回の授業のために準備をしたのは、パワーポイントで作成したファイルです。

　絵本の挿絵を画面一杯に広がるよう用意し、予め切り取って挿絵の上に貼り付けておいた登場人物等、噺の展開を理解する上で重要なアイテムが噺の展開に合わせて挿絵の上を動くようにしました。

　また、児童用 TPC にも学習活動に入る前に、授業支援システムで配布し、個別の学習活動として振り返ることができるようにしておきました。

　更に、マウスミスチーフというソフトを使って多肢選択にした教師の質問に対しては、児童の反応が画面上に反映され他の児童の考えが視覚的に分かるようにしました。

実践の様子・児童の反応

　児童は噺を楽しんで聞くことができました。普段、教科書の範読や、読み物の読み聞かせをしている時には、話が長くなると集中力が途切れがちです。しかし、50インチの大きな画面に映った挿絵が噺の展開に合わせて「動く」ことは、視覚刺激による同時処理を得意な認知方略としている児童にとっては、理解を促進する効果があったようです。また、内容を理解する手掛かりにするため、予め児童用 TPC にお噺の挿絵や、登場人物等を切り取り大きく加工して画像を配布しておきました。児童は何度も繰り返し確認しており、理解の一助になりました。文字情報以上に本学級の児童にとっては学習の手掛かりになったと考えられます。本実践では従来の「刺激をできるだけ少なくする」という考え方から大きく方向を転換し、視覚刺激を多彩にし児童の反応に対して即時応答するようにしました。また児童用 TPC に配布しておいたことで、児童が自主的に映像で学習を振り返りながら進めることができました。不注意、多動で衝動性が高いとされる本学級児童が、45分間の授業に集中できたことは評価したいと思います。

実践をふり返って

　本学級の児童のような、認知的な特性を持っている児童にとって、教科書、ノート、黒板だけの授業では、理解を深めることが困難です。特に話言葉に代表される継時処理が必要な言語刺激が飛び交う一般の教室環境にあっては、学習に混乱を伴うことも考えられます。本学級のような場合は『刺激をできるだけ少なくして集中しやすくする』ことが重要とされていますが、本実践においては視覚刺激を即時的に返すことによって、児童に即時的に評価が返るようにしました。これまでの通説とは逆とも言える方略ですが、不注意、多動、衝動性を『抑制機能』が弱いと読みかえると、多くの刺激を即時的に正の反応として返すことも有効と考えられると思います。

1 IWB編

自閉症・情緒障害特別支援学級　自立活動　ボールキャッチ

9. クリックする操作でワーキングメモリーを鍛える

> ## TVゲーム感覚で活動の面白さを味わう実践
> IWB上で、トンネルの中を通る黄色いボールを捕まえるゲームを使った実践です。

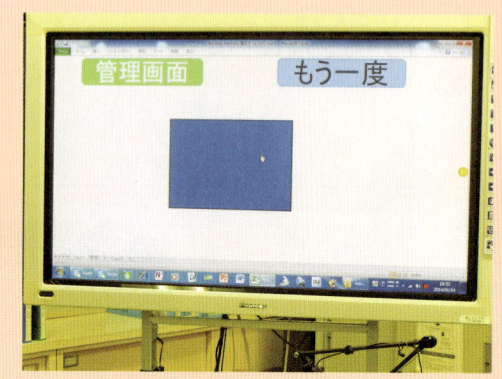

授業で使用した教材

IWBの前でゲームをする児童

実践の概要

　この実践は、自閉症・情緒障害特別支援学級（2年～5年）自立活動の実践です。対象はADHDの診断を受けている児童で、抑制機能の発達を促すため、ワーキングメモリーの発達をねらい自作教材を使用しました。ADHDの児童の課題として不注意性、多動性、衝動性が挙げられますが、これらは抑制機能の未熟さと考えることができます。バークレー（2002）、森口（2012）によると抑制機能の発達にはワーキングメモリーの発達が必要だと言います。そこでTVゲームのように遊べるゲームを作製しました。

　定型発達の児童の場合、ワーキングメモリーの働きにより、これまでの経験と「今」対応すべき事態を検索、判断して適切な行動を選択することができます。つまり、過去の経験を生かし、よりよい未来を選択するため「今」の行動を制御しているわけです。ところが、ADHDの児童の場合、ワーキングメモリーの機能の未熟さゆえに、過去の経験から「学んでいないかのように」即時的に反応して適切な行動が取れないことが課題です。ADHDの児童の困難さの本質と言える抑制機能の未熟さは、ワーキングメモリーとともに、岡本（1985）、内田（1994）によれば内言の発達が関わっていると考えられます。内言の発達は単に言語の発達だけではなく、全人格的発達に寄与すると言います。興味深い知見ですが、本実践では特にワーキングメモリーの発達に寄与することを考えました。

ICT活用のための準備

今回の授業のために準備をしたのは、エクセルで作成したファイルです。

写真にあるように、大型TVに組み込まれた紺色のトンネルを黄色いボールが通過していきます。児童はTVゲームと同じ感覚でトンネルから出てきた瞬間のボールをタッチペンで捕まえます。上手に捕まえられるようになってきたら、ボールの大きさを小さくし、トンネルを長く、幅も広いものに変えて課題が困難になるようにしていきました。ボールの速度は変えませんでした。

実践の様子・児童の反応

児童はゲームを楽しんで行うことができました。

児童の気分が安定している時を選んで、1回につき5試行、週3回のペースで行いました。

表　速度の保存課題の試行結果（数量の単位はpixel）

月	トンネルの大きさ	ボールの大きさ（r=）	速度（/sec.）	ズレの平均
11	180 × 70.5	15	2	37.0
12	180 × 70.5	15	2	30.0
1	180 × 70.5	15	2	24.0
2	180 × 70.5	15	2	20.0
3	180 × 70.5	15	2	19.0

9月10月は練習も兼ねて大きなボールでトンネルも短くし、捕まえやすくして実施しました。11月からの本試行は練習の3倍の長さで5倍の幅のトンネルで、ボールの大きさを半分にして実施しました。エクセル上の距離は解像度によりますが、画素数は1インチ当たりの数量として扱えるので、間隔尺度に準じて扱えるものと考えます。その前提で表を見ると5ヶ月間で随分正確性が上がっていることが分かります。速度（距離／時間）の保存はADHDの児童にとっては抑制機能を働かせる必要があるため難しい課題だと思います。その意味では、ワーキングメモリーの発達に資する教材になったと考えています。

児童は楽しんで取り組むことができました。普段からゲームに慣れ親しんでいることを考えると、今後も児童に親しみやすい教材を開発していく必要があると思います。

> **実践をふり返って**　ADHDの児童の特性は抑制機能の未熟さにあると言えます。今回の自立活動の取り組みを通して、ゲームによって速度の保存課題が向上することは確かめられました。ただし、比較実験を行っていないので、経年発達による精度の向上を否定する資料はありません。このため、ワーキングメモリーの発達を直接明らかにする実践とは言えないかも知れませんが、一つの試みとしては有益だったと思います。更に、先に触れたようにワーキングメモリーの課題だけではなく、内言の発達を促す地道な取り組みが必要であることは言うまでもありません。

1 IWB編

その他の活用 　知的障害特別支援学級 　朝の会 　「今月の歌」の指導

10. デジタル歌詞カードを使った歌唱指導

視覚的支援で歌を楽しく歌う実践

パワーポイントで歌詞と曲を合わせたものを作成し、IWBやスクリーンで使用した実践です。

授業で使用した教材　　　　　IWBの前で歌う場面

🟥 実践の概要

　知的障害特別支援学級の児童は、言語による理解が難しい子どもたちが多く、視覚を使って理解させたり習熟させたりする方法が効果的であると考え、今回の実践を行いました。このデジタル歌詞カードはパワーポイントで作成し、音楽（伴奏・歌）だけでなく歌詞やイラストも入れることができます。あらかじめ用意されているアニメーション機能を使い、歌っているときの歌詞がその場所に来るとポップアップするので、どこを歌っているのかを理解しながら歌うことができます。パワーポイントでビデオファイルにし、50インチのデジタルテレビや電子黒板など様々な環境で手軽に再生し、映し出すので、画面を見ながら集中して歌うことができます。画面にはかわいらしいイラストを入れ、イラストが動くなどの工夫をしているので、やさしく楽しく歌うことができます。これは、気持ちを落ち着かせるだけでなく、歌を歌うことが楽しいと実感できるので、音楽を好きになる効果があると考えました。

🟥 ICT活用のための準備

　この実践のために準備をしたのは、パワーポイントで作成したファイルです。本校のICT支援員に、本教材の意図を説明し、作成してもらいました。
　まず、対象となる曲の歌詞を入れ、文字が拡大されたり色が変わったりするようにアニメーションの設定をします。さらに、継続時間の設定もします。次に、曲を入れて、音楽データと

歌詞を合わせます。最後に、パソコンのスペックが違うと音がずれてしまう可能性があるので、ビデオを作成し保存します。これで、ICT を使う上でどんな環境でも使用できるようになります。本校では、共用のサーバーに保存されており、どこの教室でも使用できるようになっています。

実践の様子・児童の反応

　目で見てすぐに分かる仕組みになっているので、本学級の児童にとって非常に分かりやすかったです。歌詞の書いてある本やファイルを見ながら歌うと、どうしても目線が下になってしまい、声が小さくなってしまいます。この教材は、IWB に映すことができるので、自然に目線が前に向いて、声が出やすくなりました。また、児童自身で簡単に操作できるので、担任の指示で素早く起動させることができます。担任が他の児童に対応している場合には、児童自身で操作できるので、朝の会の進行がスムーズになりました。

　他の学級でも実践したところ、歌うことが好きになり、「もっと歌いたい」「ちがう曲も歌いたい」と言う児童が増えたようです。このような効果が見えてきたので、学校全体の行事や学校朝会でもこのデジタル歌詞カードを活用しました。体育館のスクリーンに映して全校で楽しく歌うことができました。

児童が操作する場面　　　　　　　　　　学校朝会の様子

実践をふり返って

　　　　　　　　　　　特別支援学級の児童にとって、意欲や集中力が高まるので、歌詞を早く覚えることができました。また、落ち着かずに動き回ってしまう児童が落ち着いて歌を歌うことができるようになりました。さらに、声の出し方も変化し、きれいな声を意識して歌う児童も出てきました。今後も作成された教材を利用して、学習に生かしていきたいです。

第1～6学年　全教科　フラッシュ型教材

11. フラッシュ型教材の活用

フラッシュ型教材で学習内容を定着させる実践

国語の漢字・算数の計算・社会の国名など、これまでに学習したことを、確認・定着させます。

IWBで、フラッシュ型教材を使用している場面

実践の概要

　この実践は、全学年で行うことができる「フラッシュ型教材」です。どの学年でも、どんな授業でも、実践することができます。答えが出るか出ないか、順番かランダムかなど、学習の進度や児童の実態に応じて選ぶことができます。

　国語は、漢字の読み書きがあります。既存のフラッシュ型教材（チエル株式会社）では、「読む」と「書く」に分かれており、読み方の学習と書き取りの学習に使えます。授業の前後5分で、「読む」で読み方を確認し、「書く」で書き取りのテストをしたりすることができます。他にも、同音異義語・ことわざ・部首・四字熟語・ローマ字・主語と述語・修飾語・接続語などがあります。

　算数では、様々な計算があります。足し算・引き算はもちろん、大きな数の計算や、小数・分数の計算も入っています。計算だけでなく、形の定義や、量の測定などもあります。

　社会では、歴史上の人物や、国名・県名・県庁所在地・地図記号などを答える

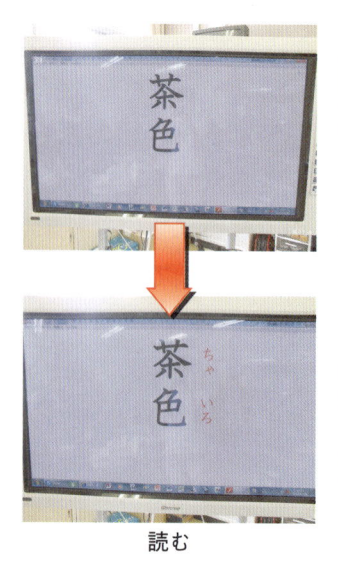

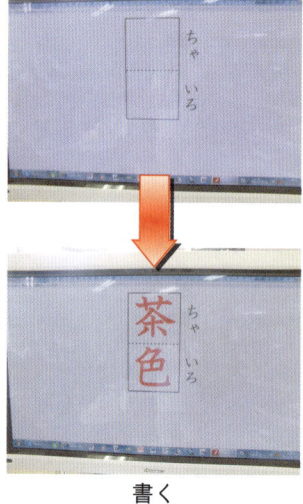

読む　　　書く

78　3章　ICT活用実践例

ものがあります。白地図の中で、答えるところに色がついているので、一目で分かりやすくなっています。

　理科では、水溶液の性質や、物のあたたまり方、物の性質や働きなどがあります。授業後の確認や、テスト前の学習で使えます。実験器具の名前や星座を覚えるものもあります。

　他にも、図工では彫刻刀の名前など、生活科では虫や植物の名前など、家庭科ではミシンの部分の名前や縫い方の名前などもあります。

ICT活用のための準備

　既存の教材を使う場合は、事前にどのような問題が出題されているのか、見ておくことです。

　児童の実態や学習の進度に応じて、適切なものを使用します。既存のものでない場合は、パワーポイント等で教材を作成する必要があります。

　作成したものの場合、一部を隠したり、時間差で提示したりと、工夫することができます。音や動きをつけ加えることで、児童の興味・関心をひきつけることができます。

実践の様子・児童の反応

　児童は、分かったら手をあげたり、大きな声で答えたりしています。授業前に、前時の学習を復習する時に使用したり、授業後に、学習内容を確認する時に使用しています。学習内容の確認・定着には、とても有効であると考えます。画用紙などを一枚一枚めくって行うこともできますが、IWBを使えば、クリック一つで変わるため、テンポよくすすめることができます。一部を隠したり時間差で提示したりする場合にも、大変便利です。

実践をふり返って

　フラッシュ型教材を一度使用したから、身につくということではなく、定着するまで繰り返し何度も行う必要があると考えます。毎時間少しずつでも、その積み重ねが力につながっていくと考えます。答えられない児童も、周りの児童が答えることで確認することができます。はじめは、クラス全体で答え、慣れてきたら、班ごとや一人一人順番に答えるなど、やり方を変えることで変化を持たせることもできます。

1 IWB編

第5学年 ／ 理科 ／ 「メダカの誕生」（教育出版）

12. デジタル顕微鏡で微生物の拡大

「心臓がうごいてる！」の驚きをクラス全員で観察

デジタル顕微鏡を使って、IWB上に微生物を大きく映し出し、クラス全員で観察する実践です。

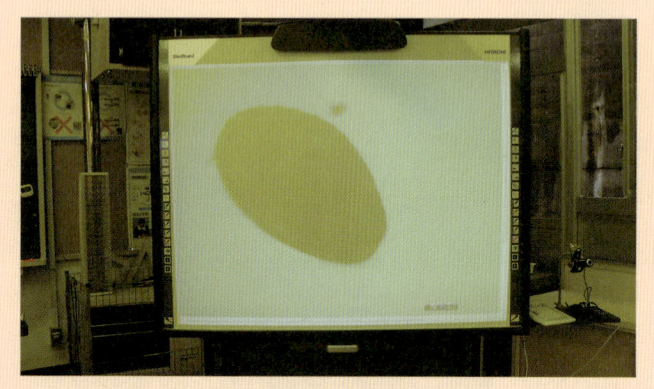

IWBに映した微生物

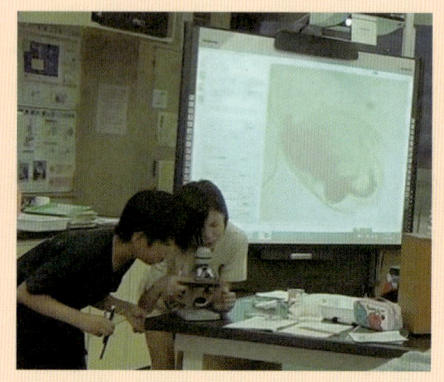

観察する微生物をIWBで確認

実践の概要

　第5学年理科「メダカの誕生」での、メダカの食べものである微生物を観察する授業で、デジタル顕微鏡を活用した実践です。今回は、微生物を発見、観察することに重点をおき、田んぼの水、学校のため池の水などのほかに、海水も用意し、その中から微生物を見つけ、実際に顕微鏡で見てみようという授業を行いました。

　5年生になって顕微鏡を使う授業が始まり、児童は興味津々です。まず、顕微鏡のそれぞれの部分の名称と操作を、デジタル教科書の動画で確認しました。その後、細かい具体的な点は、実際に操作を行って全員で確認しました。その後2人に1台顕微鏡を持たせ、観察スタートです。児童が見つけた微生物のいくつかを、デジタル顕微鏡を使ってIWBに映し、微生物の特徴や生態を確かめました。また、なかなか微生物を見つけることができない児童のために、あらかじめ用意しておいた微生物のサンプルを使わせて、観察させました。全員で学習しました。

IWBでの確認後の補足の場面

ICT活用のための準備

今回の授業のために、予めデジタル顕微鏡の動作を確認しておきました。といっても、電源を入れIWBに映ることを確認したら準備完了です。そして、サンプルで映し出す大きさや明るさを調整しておきました。

実践の様子・児童の反応

IWBに大きく微生物が映ると、児童からは歓声があがりました。教科書では、静止画しか見ることができませんが、デジタル顕微鏡では、生きている微生物の動きをリアルタイムで見ることができます。ミジンコを映し出した際「心臓がどこだか、分かる人？」というように、児童に質問し、心臓が実際に動いている瞬間を観察することができました。

また、観察中、ある児童がおしりの部分に卵がついたためずらしいケンミジンコを発見しました。そこで素早くデジタル顕微鏡で映し出しました。大きな画面いっぱいの卵をもったケンミジンコを、全員で観察することができました。児童からは、驚きと感嘆の声があがりました。

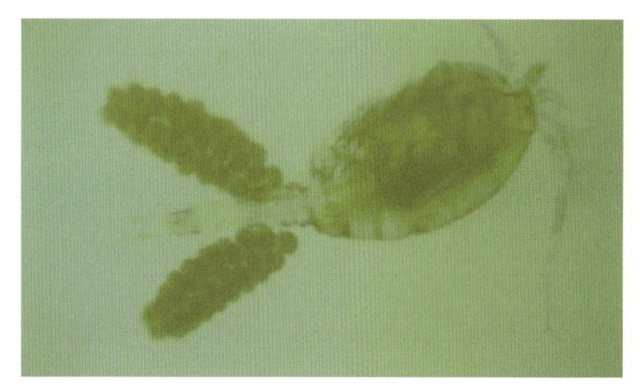

卵をもったケンミジンコ

実践をふり返って

児童が自分の手で発見した微生物を、デジタル顕微鏡を使ってIWBに大きく映し出した際、とても喜んでいたのが印象的でした。今回の微生物の観察だけでなく、メダカの卵の観察、卵からかえったメダカの観察など、「メダカの誕生」の単元だけでもデジタル顕微鏡を使う場面が多くありました。また、5年生では「花から実へ」での花粉の観察でもデジタル顕微鏡を活用することができます。実物投影機の顕微鏡バージョンのようなものなので、映し出した画面を見ながら、全体で確認できるというメリットがあるだけでなく、IWB上にペンを使って文字を書いたり、特徴的なところに印を付けたりすることができます。

1 IWB編

第1学年　日常生活　入学直後の生活指導

13. IWBを使って生活指導の見える化

> ## 入学直後の生活指導で具体的に提示する実践
>
> IWBを活用した、入学直後の児童の朝の仕度や荷物の整理整頓など、生活指導の実践です。スモールステップで少しずつ内容を付け加えて指導していくことができます。

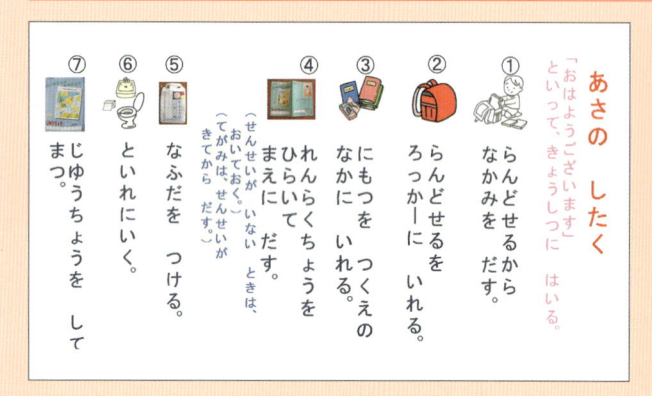

提示した教材

IWBで教材を提示して説明する場面

実践の概要

　この実践は、入学直後の1年生が学校生活に必要な準備の仕方を学ぶことをねらいとしています。

　これまでは、朝、登校してきたときの準備については、黒板に板書したり画用紙に書いたものを掲示したりしてきました。その場合、朝の仕度の仕方、朝の会、朝の仕度が終わってから朝の会までの過ごし方など、スモールステップで指導する度に掲示するものを貼り替えてきました。

　エクセルシートで作成したファイルをIWBを使って提示すると、指導して付け加わったものを書き加えることができます。また、タブを利用することで、朝の仕度から朝の会の提示の切り替えがすぐにできるようになります。実物投影機や指導者用デジタル教科書を併用し、画面に朝の仕度、朝の会、1時間目の授業の教科書を提示することで、今から何を行うか、そのために何を準備したらよいかをつかませることをねらいとしました。

ICT活用のための準備

　準備をしたのは、朝の仕度・朝の会の仕方や帰りの仕度などを説明したエクセルシートと、道具箱や机の中などを取った写真です。

　朝の仕度や朝の会の仕方などを説明したエクセルシートは、同じファイルでシートを替えて

作成しておきます。そうすると、朝、「朝の仕度」のシートを提示しておき、朝の会が始まるとタブをクリックするだけで「朝の会」のシートが提示できます。

道具箱の整理整頓は、道具箱に入れる順番に写真を撮っておくと、ウィンドウズフォトビューアーを使うことで、矢印をクリックするだけで、整頓の順番を提示することができます。

実践の様子・児童の反応

朝の仕度の指導では、エクセルシートで作成した、朝の仕度の仕方のシートを使って指導します。

入学2日目は、「朝の仕度」のシートを提示し、一つずつ説明しながらやってみます。「朝の仕度」シートが提示してあることで、見通しを持って安心して活動していました。

3日目以降は、朝、教室に入ってきた児童から朝の仕度を始めました。はじめは、一つ一つ教師にどうやるのかを聞いていましたが、次第にIWBを見ながら仕度をしていくようになりました。プリントの宿題が出たり、あさがおの水やりが始まったりして、朝の仕度の内容が少しずつ変わっていきました。その都度、説明の内容を書き換えながら朝の仕度をスモールステップで指導していきましたが、朝の仕度の仕方が定着していきました。

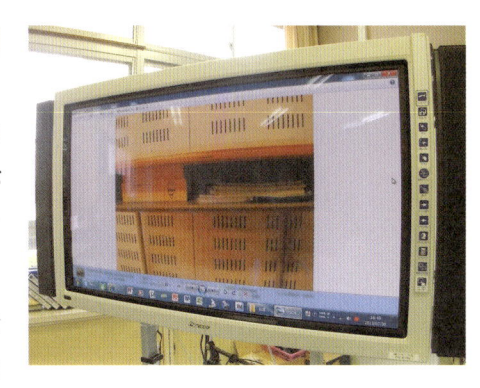

道具箱の整理整頓は、実際にやって見せながら指導していきます。箱の中の様子をIWBで大きく提示しているので、児童はよく見ながら整頓していました。クリックすることで次の画面にさっと変わるので、児童の活動の様子を見ながら指示ができます。特に、机の中の様子は、実際に見せにくいので、写真の提示が有効でした。傘立てやくつ箱の使い方の指導では、実際に行って指導する前に教室で指導ができ、児童にしっかり説明することができました。

実践をふり返って

エクセルシート、写真、どちらの実践も、絵や写真を使って視覚的に提示することで、児童がIWBを見ながら活動することができました。ワンクリックで次の画面に変わるので、児童の反応を見ながら指導できるよさもあります。

また、IWBに提示することで、今、何の活動をしているのか児童が把握しやすく、教師にとっても付け加えがしやすいので、活動が変化したときに、掲示し直す必要がなくなるので有効です。

全学年　日常

14. 係活動支援

タイマーを表示し、当番活動をスムーズに行う実践

教師の指示なく、当番活動を行うシステムを作ることができます。

教材を使用している場面　　　児童が活動している様子

実践の概要

　この実践は、日常生活の当番活動についての実践です。児童が日々の当番活動をスムーズに、主体的に行うことをねらいとしています。
　給食当番や、掃除当番、日直などの当番活動は、決まった時間に決まった仕事を児童が行います。しかし、児童によっては、時間を意識して仕事に取り組むことができていないために、時間通りに仕事を始められなかったり、時間内に仕事を終えることができなかったりします。
　そこで、児童に時間を意識させるため、IWBにタイマーを表示させることにしました。「給食当番は、10分以内に仕事を終えること。」などをあらかじめ知らせ、決められた時間をタイマーでセットし、仕事に取りかからせます。タイマーが動いている間は声をかけません。セットした時間がきたときに、仕事ができたかどうかを評価します。

ICT活用のための準備

　IWBに時間管理ソフト（ヤルッキータイマー）をインストールし、当番活動の時間になったらタイマーをセットするだけです。高学年では、このセットも児童にやらせます。

実践をふり返って　この実践は、児童が自分から仕事を行うように仕向けることが大切です。注意を繰り返すよりも、時間を意識させるために、できたかできなかったかの評価を繰り返すことで、児童の主体的な行動を促すことができました。

全学年　日常　学校行事

15. ソフトを活用した避難訓練

緊急地震速報ソフトを活用した避難訓練の実践

ソフトを活用することで、実際の災害時の避難を想定した訓練を行うことができる実践です。

授業で使用した教材　　校庭に避難する場面

実践の概要

　この実践は、学校全体で行う地震に備えた避難訓練についての実践です。実際の災害時を想定し、避難についても実際の場面と同じような状況で行うことをねらいとしています。

　今まで本校で行っていた地震を想定した避難訓練は、放送により地震の発生を知らせていました。しかし、最近は、緊急地震速報のシステムが発達し、実際に地震が起きたときのような速報を提供するソフトも普及してきました。

　そこで、実際の災害時を想定した訓練を行うため、無料のソフト（Signal Now Express）を活用することにしました。ソフトに訓練地震を設定し、全教室一斉に地震の発生を知らせます。その後は、通常の避難訓練同様、教室で待機した後、グランドに避難します。

ICT活用のための準備

　IWBに緊急地震速報ソフトをインストールし、地震が発生した地点や設定震度、猶予時間などを設定します。

実践をふり返って

　避難訓練は、児童、教員を含め、万が一地震が発生した場合、落ち着いて対応できるようにすることがねらいです。現在、緊急地震速報システムは、スマートフォンやデジタルテレビなど、いろいろなところで導入されています。そのため、学校でも同様のシステムを使うことは、児童がどのような場面でも落ち着いて災害に対応できる手立ての一つになると思います。

第2学年　算数　「たし算とひき算のひっ算」（東京書籍）

1. 筆算の仕組みを理解するデジタルブロックの活用

『デジタルブロック』で≪パソコン頭≫

TPC上のデジタルブロックを操作しながら、十進法を理解させる実践です。

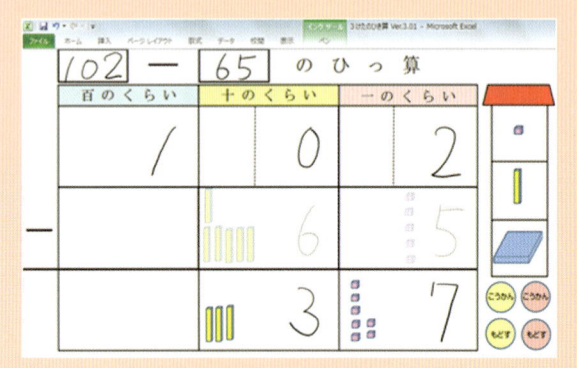

授業で使用した教材

IWBの前で児童が説明をする場面

実践の概要

　この実践は、第2学年算数「たし算とひき算のひっ算」の実践です。算数科における【数と計算】の領域は他の領域に比べて内容も指導時間数も多く、その意味では算数科の学習の中心といえます。特に第1学年から第4学年で学習する整数や小数は、十進位取り記数法に基づく数の概念を理解するために大変重要です。低学年では算数ブロック等の具体物を用いた算数的活動を通して学習しますが、20を超える数を扱いはじめる頃からそれも難しくなります。多くの学校で使われている算数ブロックが次第に使われなくなっていくのは、机上で扱うのが難しくなるからです。そこで、本単元では、具体物を十分に扱った児童が、さらに『デジタルブロック』を活用した学習を通して、3位数までのたし算、ひき算の筆算の仕方について理解し、確実に計算できるようになることをねらいとしました。

ICT活用のための準備

　今回の授業のために準備をしたデジタル教材は、ICT支援員の先生と教材研究を重ね、エクセルで作成されたものです。
　TPC上に1、10、100を表すブロックと3位数までのたし算、ひき算の筆算の枠を組み合わせたデジタル教材です。デジタルのブロックはペンで自由に動かすことができ、必要なだけ取り出し数を表すことができます。そして、算数ブロックと同様、どのブロックがどの位に入

れるか決まっていることや、くり上がりくり下がりの操作の仕方、ブロックから数字に置き換えて筆算を完成させることなどを教えました。単元全体を通してこのデジタルブロックを使って学習を進めていくので、導入時に授業支援システムで児童用TPCに配布し、学習活動に入りました。

実践の様子・児童の反応

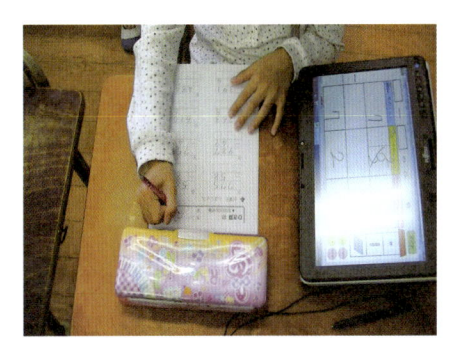

　それまで筆算の学習は、黒板に提示した教師用のブロックを一人の児童が操作するのをみんなで見たり、教科書に示されている計算の流れの絵を見たりしながらその方法を理解していくしかありませんでしたが、児童一人ひとりが確実に自分のTPC上のブロックをペンで動かしながら思考する学習環境を保障することができました。デジタルブロックを操作することで、頭の中で考えていることを実際に目に見える形で表現でき、デジタルブロックを自分の手で動かすことを通して、計算の過程を目で確認できます。こうした"思考の見える化"が十進位取り記数法の習得に大変役立ちました。そうして、十分に活用すると、児童は自然にTPCから離れ、紙と鉛筆だけで筆算を正確に行えるようになっていきました。TPCを使うように促しても「パソコンが頭の中にあって、動かせるから大丈夫。」「パソコン頭になったよ。」と話すようになりました。コミュニケーションが活発になり、算数言葉を使って説明する力や、友だちの考えを言葉だけでなくTPCの画面を見ながら聞き取る力、ノートに考えをまとめて書く力、なども伸びていきました。

　さらに、デジタルブロックを使った操作活動を繰り返し行うことで、たされる数とたす数と答えの関係やひかれる数とひく数と答えの関係をしっかり理解することができました。その結果、計算の前に答えを推測する習慣がつき、出た答えについてもその正しさを考えられるようになりました。自分の計算の跡が残っているので、どこで間違ったかの振り返りや検算の方法も自然に身に付けられました。

実践をふり返って

　　十進位取り記数法の理解を定着させ、念頭で数を操作できるようになるためには、十分な操作活動が必要です。従来の算数ブロックでは、この活動が足りず、未熟なままでさらに大きな数を扱うことが、児童に数の概念化を困難にさせていると思われます。デジタルブロックは、そのブロックが意味する大きささえ変えれば、同様のブロックを1年生から4年生のすべての学年の【数と計算】の領域において活用できました。計算だけでなく、「380は10が何個集まった数ですか。」といった、多くの児童が苦手とする問題の理解にも大変有効なことが分かり、まだまだ活用場面は広がりそうです。また、教材の作成は担任だけの力では大きな負担になります。ICTを専門とする支援員の先生とのコラボレーションこそが教員の能力を高め、児童の学びを深めることにつながります。ICT活用が新しい学びをつくるイノベーションになることを願っています。

第5学年　国語　「新聞記事を読み比べよう」（東京書籍）

2．記事の組み合わせ操作で意図を読み取る

記事を組み合わせて書き手の意図を読み取る実践

切り離した新聞記事の各部分を、TPC上で組み合わせる学習活動を通して、書き手の意図を読み取りやすくした実践です。

| 授業で使用した教材 | IWBの前で教材の説明をする場面 |

実践の概要

　この実践は、第5学年国語「新聞記事を読み比べよう」の実践です。教材の2つの会社の新聞記事の内容を読み取り、読み取ったことから記事の書き手の意図を考えることをねらいとしています。

　今までの紙の教科書を使った授業では、見開きのページに提示されたそれぞれの会社の新聞記事を読み取り、共通点や相違点に注目し、それらを手がかりに記事の書き手の意図を考える指導展開となっています。常に記事全体を見るので、児童が比較の視点を見つけにくく、教師が「見出しを比べてみる」「記事の本文を比べてみる」「写真を比べてみる」というように読み比べの視点を与えがちでした。それでは、児童自身が試行錯誤したり自分の考えについての根拠を持ったりすることが十分にできませんでした。

　そこで、教科書に掲載されている新聞記事を、見出し、リード、本文、写真の各部分に分解し、それらをTPC上で組み合わせることのできるデジタル教材を作成しました。児童は、TPC上で各部分を動かし組み合わせながら、読み比べの視点を自分で見つけ、新聞の編集の仕方や構成の工夫に注目し、気づいたことを基に書き手の意図をとらえていきました。

ICT活用のための準備

　今回の授業のために準備をしたのは、エクセルで作成したデジタル教材です。

この教材は、あらかじめ記事の本文だけが貼り付けられた2つのシートが用意され、そこに、別のシートに用意された見出し、リード、写真を組み合わせて、1つの記事を完成させられるようになっています。児童が操作しやすいよう、動かすものは画像形式で保存し、また、なぜそのような組み合わせにしたのか、その根拠を必要に応じてTPC上に書き込むこともできます。

　学習活動に入る前に、授業支援システムで児童用TPCに配布し、教材の使い方を簡単に説明した後、学習活動に入りました。

実践の様子・児童の反応

　実際の授業では、「本文に合う見出し、リード、写真を組み合わせて新聞記事を完成させよう」という問いかけで学習をスタートしました。

　児童は、「見出しに、うろこのことが書いてあり、本文にも同じ表現でうろこのことが書かれてあるから同じ記事だと思う。」など、各部分に書かれている内容の共通点を見つけ出すことができていました。また、見つけ出す過程で、1つの本文に2つのリード文をそれぞれ組み合わせて読んでみて、どちらがうまくまとまっているかを読み比べたりするなど、簡単に操作しながら試行錯誤できるというデジタル教材のよさを生かし、どの児童も新聞記事を完成させることができました。

　また、この教材は書き込みができるように作成してあるので、多くの児童が、書かれていることのどこの部分を根拠に組み合わせを考えたのか、直接メモをしたり、自分の考えを書き込んだりしていました。

　読み取った書き手の意図を発表する場面では、各部分で数多く使われている言葉や、各部分から共通してイメージすることなどを基に、書き手の意図をとらえており、各部分に分解したことの効果が表れていました。

実践をふり返って

　今回のような、記事を各部分に分解し、それを組み合わせて記事を完成させる活動は、書き手が伝えたいことを的確に読み取っていくのに効果がありました。全体を読むだけではなかなか頭に入ってこない記事の内容が、各部分に焦点を当てて読んでいくので、内容を理解しやすかったのではないかと考えました。今回の教材を応用して、説明文の段落構成や広告と説明書の違いの読み取りなどもできるのではないかと思います。

第4学年　社会　「きょう土を開く」（広島市小学校社会科教育研究会）

3.地域教材を集めたデジタル資料集

"開発は必要か！？" 広島をつくった先人の思い

TPC上の資料を読み取り、その情報を交流する中で、お互いの知識を統合しながら協働的に課題を解決する実践です。

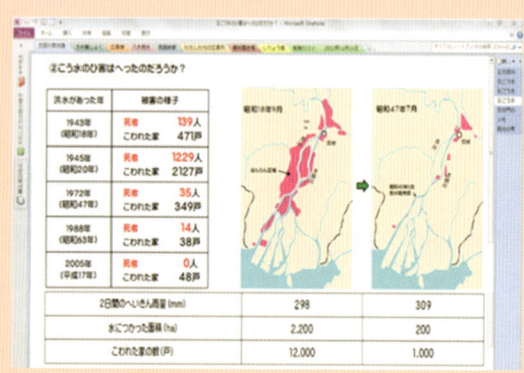

授業で使用した教材　　　　　IWBの前で説明する児童

実践の概要

　この実践は、第4学年社会「きょう土を開く」の実践です。広島の特産品「かき」の養殖、三角州のまちを水害から守る太田川放水路、米作りに必要な水を確保するための八木用水、瀬戸内海の島々をはじめ遠くの人や物をつなぐ広島港、マイホームを建てたい人々のために山を切り開いて造ったニュータウン西風新都。これらは自分たちが生まれた時には既に広島市に存在していたものです。しかし、自然にできたものではありません。現在の広島市は、地理的環境や先人たちの苦しみや願いの中から、幾多の苦心や努力の結果として生まれたものです。これらの開発がその後の生活の向上に役立ち、複雑に関わり合ってまさに今の自分の暮らしを支えていることに気付いてほしいと思いました。さらには、今もなお続いている多くの開発の意味やその是非についても、地域社会の一員として関心を持ってほしいと思いました。

　そこで、重要なのは、いかに4年生の児童が数十年、数百年の時間をさかのぼり、当時の様子や生活を豊かに思い描いたり、先人たちの思いや願いに共感したりできるかということです。そのためには、一人ひとりが十分活用できる資料を豊富に準備することが必要だと考えました。教科書にはこれらの学習を進める上で価値の高い資料が多く載せられていますが、学習の流れや目的に応じて、それらの資料を自由にカスタマイズできることは、児童の理解を深める上で大変有効です。

　また、学び方を学ぶことが重要だと考え、相互に関わりながら学習を深める協働学習を進めました。そのために取り入れたのがジグソー法です。

ICT活用のための準備

　今回の授業のための教材は、本単元の学習課題をグループ単位に分割して、児童が役割分担しながら協働解決できるようにするために、本校のICT支援員の先生にワンノートで作成してもらいました。

　ワンノートは児童に分類した情報や課題を提示する際にとても使いやすいツールです。児童はグループごとに与えられた課題に集中して取り組むことができるので、自分のグループが担っている課題について理解を深めることができるだけでなく、そのことによって他のグループが取り組んだ課題についても比較しながら、相互の関係性について理解することが容易です。また、本実践ではジグソー法を導入することによって、できるだけ多様な考え方に接しながら、意見を統合していく説明づくりに取り組むことができます。ワンノートはたくさんの資料を扱う際にとても便利なため、本実践のように資料を多く扱う学習場面では大変効果的に活用できます。

実践の様子・児童の反応

　実際の授業では、児童は資料を見ることに興味を持ち、新たなテーマの学習を心待ちにするようになりました。そして、TPCを開くや否や飛びつくように自分のエキスパート資料に見入り、誰もが黙々と自分の課題に向き合うようになりました。「用水路に飛び込んだと書いてあるから、人々は水が来たことがそれほどうれしかったんだろう。」「死者が0人になっているのは、○○くんの話でこの前に太田川放水路が作られたから洪水で亡くなる人がいなくなったんだと思う。」など、TPC上の資料を基に自分の考えに理由をつけて話したり、資料を見ながら友だちの意見をじっくりと聞いたりすることができるようになりました。また、「私は△△だと思うんだけど、先生、このことが分かる資料はないですか？」と、自分から必要な資料を要求する児童もあらわれました。

> **実践をふり返って**
>
> 　どの児童にも手元にTPCの豊富な資料があるということが、興味関心を大きく喚起したようです。社会科においては特に、資料の充実は個人思考を促し、ペアやグループでの教え合い学び合いを深めました。TPCやIWBをはさんでの学習は、自信を持って自分の意見を話したり、考えながら相手の意見を聞いたり、お互いに試行錯誤したりなど、相手を受け入れることからはじまるので、コミュニケーションの質を高めました。この環境の実現には、ICT支援員の先生の力が欠かせないものです。さらに、ICTとジグソー法を組み合わせることにより、児童は仲間とのコラボレーションこそが学ぶ楽しさにつながることを確信していきました。

第6学年　音楽　「豊かな表現を求めて」（教育出版）

4. TPCを使った楽器の個人練習

デジタル音源を使った個人練習

合奏の個人練習において、デジタル音源を聴きながら練習することで、読譜を効率化した実践です。

デジタル音源を聴いている場面　　デジタル音源に合わせて練習している場面

実践の概要

　この実践は、第6学年音楽での合奏指導における実践です。6年生は年度末の発表会に向けて、学年全体で合奏をつくっていきます。6年間の音楽で学習したことの集大成として、教科書には載っていない少し難しい曲にチャレンジすることもあり、その練習に多くの時間を使います。

　今までの合奏練習では、児童に各パートそれぞれの楽譜を配り、階名とリズムを簡単に確認した後、個人練習に入っていました。実態として、階名は読めるがリズムが読めない児童が多く、少し複雑なリズムになると何度も質問にきていました。一人一人の児童に十分に時間をとって指導することは難しく、待たせてしまうことも多々ありました。そのため、リズムが分からず練習が進まない子、遊んでしまう子などが出てきました。また、他の楽器の音が気になって集中できない子、などもいました。専科の限られた時間の中で合奏を完成させないといけないので、このような状況は非常に時間のロスでした。

　そこで、効率的に読譜ができ、どの児童も集中して取り組める個人練習の方法はないかと考え、それぞれのパートをICレコーダーで録音してデータ化し、各児童のTPCに配布する方法を実践しました。児童は自分の担当の楽器を選択し、イヤフォンで聴きます。譜面だけでは十分に読みとれなかったリズムが、耳から音として入ってくることで覚えやすく理解しやすくなります。それまでは教師がそばで歌って教えていましたが、それができないときに、このデジタル音源が有効でした。

ICT活用のための準備

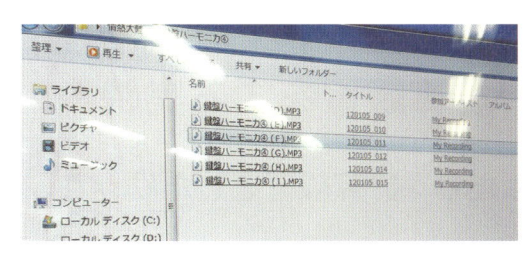

今回の授業のために、ICレコーダーで音源を録音しました。音源は、各楽器の音色が出せるキーボードで演奏しました。練習で拍がカウントしやすいよう、メトロノームを鳴らしながら演奏しました。合わせたときにテンポによるズレが起きないよう、全てのパートを同じ速さで演奏しました。また、楽曲を短い区切りで6つに分け、部分ごとに録音しました。学習活動に入る前に、共用サーバーに音源を入れ、各自でTPCのデスクトップにコピーするよう伝えました。授業ではMedia playerの使い方を説明した後、学習活動に入りました。

実践の様子・児童の反応

実際の授業では、児童はとても集中して練習に取り組みました。各自のパートの音源を聴きながら、楽譜を見たり、階名唱をしたり、手拍子をしたりしていました。巻き戻しや早送り、繰り返しなどの操作も簡単に行っており、自分のペースに合わせて聴いていました。教師に質問する前に、何度も音源を聴いて自分で理解しようとしていました。音楽が苦手な児童も、聴きながら何度も楽譜を見ることで、音符の種類と長さが何となく一致してきているようでした。階名唱やリズム唱が正しいリズムでできるようになった児童は、楽器の演奏に移りました。音源と一緒に合わせて演奏している子、違うパートの音源を聞きながら自分のパートを演奏しミニ合奏をしている子など、それぞれが自分のペースで個人練習を充実させていました。

実践をふり返って

今回の実践で、合奏完成までの時間が格段に短縮されました。効率的な個人練習ができたからだと思います。TPCを音源再生のツールとして使う方法は鑑賞の授業でも活用できました。6年生の「指揮者の違いによる表現の違いを聴き比べよう」では、鑑賞曲を各自で聴くことで微妙な違いに気づくことができていました。また、4年生の「拍子の違いを感じ取ろう」では、曲を聴いて3拍子か4拍子かを聴き分ける学習において、何度も聴きながら指揮をして確認していました。全ての実践において、TPCを音源再生のツールとして使う方法は、児童が自分のペースで学習を進めることができること、音への集中が非常に高まるという点でとても有効でした。

第3学年　国語・算数　基礎的基本的知識

5. ソフトを活用した漢字と計算の反復練習

新出漢字、既習漢字の練習や計算練習をする実践

TPC上で、新出漢字や既習漢字を練習したり、計算練習をしたりして、読み・書き・計算の定着を図る実践です。

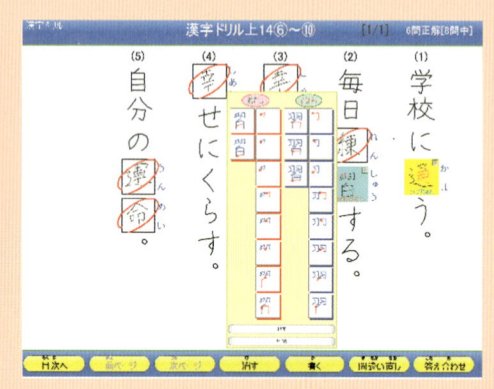

授業で使用した教材　　　教材の説明をする場面

実践の概要

　この実践は、1年生から6年生までの漢字ドリル帳の新出漢字や既習漢字を練習したり、既習の計算練習をしたりして、漢字力や計算力の定着をねらった実践です。

　1年生から4年生は、主に帯タイム（月曜日・水曜日・金曜日の朝15分間）で「手書き漢字ドリル」というソフトを活用して実施しています。登校後、朝の学習用具の準備と同じように各自が保管庫からTPCを取り出して準備しておき、時間になったら、各自でそのファイルを開き、黙々と取り組みます。その他TPCは、雨で外遊びができない日の休憩時間、授業での活動が早く終わった時、テスト前に復習する時などにも活用します。課題は、現在学習している内容に限らず、これまで習った内容で苦手なことなど、児童一人ひとりの課題を教師と一緒に話し合い、個人の状況に応じて取り組みます。例えば、その子が苦手としている漢字や計算が1学年或いは2学年下の内容であっても、その内容に取り組ませることで基礎学力の定着を図っています。

　漢字練習では、ボタンひとつで答え合わせができ、全ての問題が正しく書けると「おめでとう！よく出来ました！！」と画面上に表記されます。また、日頃の漢字テストでは「とめ」「はね」「はらい」等の誤りは指導できますが、「書き順」まで正確に見取ることはなかなかできません。このソフトでは「とめ」「はね」「はらい」だけでなく「書き順」や「かたち」もチェックされるので、漢字の正しい表記の習得・定着に大変役立ちます。また、それぞれのページが合格か不合格か、何回取り組んだかも知ることができ、児童にとってとても励みになります。

計算練習には、マス計算と暗算があり、主に「暗算」で行う計算問題に取り組ませています。その際、整った数字を書かないと認識しないので、数字も正しく丁寧に書くように指導しています。

ICT活用のための準備

　今回の実践で準備したのは、「手書き漢字ドリル」のソフトです。各学年で児童用の副教材として購入している「手書き漢字ドリル」の内容に沿って、予め入力して作成したものです。「手書き漢字ドリル」はサーバーに保存されており（現在は個々のTPCに保存）児童が各自のTPCでアクセスします。最初に使い方を説明した後、帯タイムの学習活動に入りました。特に、文字も数字も「とめ」「はね」「はらい」等の字形を丁寧に書かないと、正しく認識されないことを注意しました。

実践の様子・児童の反応

　実際の帯タイムは、15分という短い時間ですが、「前日の宿題で練習したページをやってみよう。」と意欲を持たせます。全問正解すると「おめでとう！よく出来ました！！」と画面上に表記されるので、あちこちから「ヤッター！」と歓声があがるほどです。時間があれば、以前合格したページにチャレンジをしています。

　また、間違えた字があれば「とめ」「はね」「はらい」「書き順」「字形」等とチェックが入るので、「そうだったのか！」と児童は再認識しています。自分が書いた字と正しい字が並列して表記されるので比較して間違い直しをしています。ほとんどの児童が合格するまで再チャレンジしていました。

> **実践をふり返って**
> 　今回「手書き漢字ドリル」のソフトを活用することで、児童が漢字を正しく覚えているかどうかすぐに確かめることができたり、自分が勘違いをして覚えていたことが分かったりして、基礎的なことがしっかりと習熟できたと思います。また、合格したことやそのページを取り組んだ学習履歴も残り、教師の励ましとともに児童の学習意欲の向上に効果がありました。

第4学年　総合　タッチタイピング

6.タイピング指導

目指せ！タッチタイピングマスター！！

キーボード練習用のソフトを利用してタッチタイピングの練習をした実践です。

授業で使用した教材　　　　　　キーボード練習をする場面

実践の概要

　この実践は、第4学年の総合的な学習の時間「パソコンになれよう」におけるキーボード練習の実践です。今回活用した「ポケモンPCチャレンジ」では、時間内に示されたアルファベットを打ち込みます。そのとき、速く打ち込めばよいのではなく、ホームポジションを確認しながらブラインドタッチを行います。指に合わせて色分けがしてあるため、分かりやすくなっています。

　また、文字を打つ速さだけにとらわれずに確実にタッチタイピングができるようになるために「一人しりとり」をしながら文字を打つ練習を行っています。

　総合的な学習の時間では、キーボードをタッチタイピングできるようになる練習だけでなく、自己紹介カードを作ったり、学んだことを発表するため、パワーポイントで発表資料原稿を作ったりします。

　タッチタイピングの練習は、総合的な学習の時間だけでなく、雨のため外で遊べない日の休憩時間や、朝学習の時間などを使って、短時間で練習に取り組むこともあります。

ICT活用のための準備

　今回活用した「ポケモンPCチャレンジ」はキーボード練習用のソフトです。この他にも、ジャストスマイルのワープロを活用して「一人しりとり」を行っています。これらはTPCに保存

してあるため、児童がファイルを開けば利用できます。

　初めてソフトを利用する際に、クリックする順番や、保存の仕方など、細かい手順を指導しました。予めパワーポイントで手順の説明のための資料を作成しておき、それをIWBに映して説明しました。

ポケモン PC チャレンジ

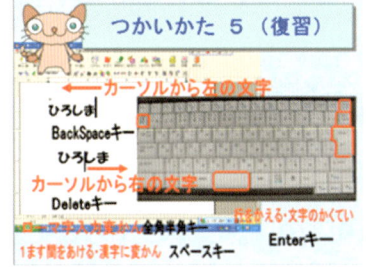

説明のときに用いた資料
©2011 Pokémon. ©1995-2011 Nintendo/Creatures Inc./GAME FREAK inc.

実践の様子・児童の反応

　タッチタイピングの練習は3年生から行っており、TPCを使う時には、①背筋を伸ばすこと　②画面から目を50cm離すこと　③手はピンポン球をもつように軽く丸めることを指導しています。それにより、TPCを前にすると児童の背筋がピンと伸びます。

　児童はキーボード練習をすることが大好きで、「今日はポケモンチャレンジで練習するよ」というと、「やったー！」と歓声があがります。練習が始まると児童は静かに熱中して取り組みます。ローマ字をまだ確実に覚えていない子はローマ字表を見ながら練習します。一本の指で素早く打ち込もうとする児童に対しては、いずれブラインドタッチができるようになるために、ホームポジションを守るように指導しています。児童は、速くたくさんの文字が打てるようになりたいという意欲をもって活動に取り組んでいます。

実践をふり返って

　　タッチタイピングは一度身につけておくと役に立つスキルなので、小学校段階で練習できる機会があることは大変よいことだと思います。パソコンを使いこなす基礎となるため、確実に覚えていくことが大切です。これからは、練習の成果を生かす場面として、児童が文字を打ち込んだものが形になるような活用の機会をつくっていきたいと思います。熱中するとつい目が近くなったり姿勢が悪くなったりしてしまうので、姿勢の指導もきちんと行い、よい姿勢で行うよう気を付けることも大切です。

第6学年　図工　「表し方をくふうして」（日本文教出版）

7. レイヤー機能を活用した写生の練習

レイヤー機能を生かして絵を描く

レイヤー機能を使って、TPCで効率よく遠近法を指導する実践です。

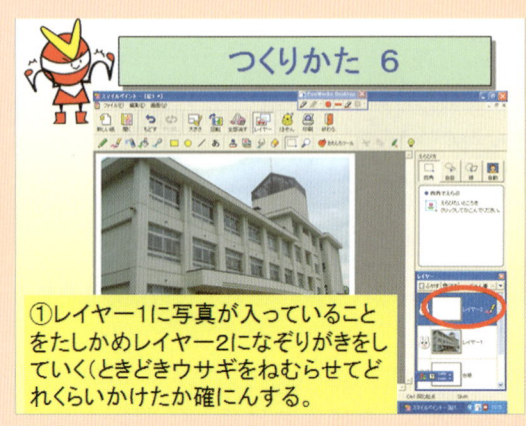

授業で使用した教材

IWBの前で教材の説明をする場面

実践の概要

　この実践は、第6学年図工「表し方をくふうして」の導入の実践です。本題材のねらいは、表したいことに合った視点や表現方法を考えて絵に表すことです。
　子どもたちは、風景画を描く活動で、どのように近景、遠景を表せばよいのか、目の前に見えている風景や事物を、自分が見ているように表すにはどうすればよいのか悩みます。
　そこで、ジャストスマイルソフトのお絵かきの機能（レイヤーパレット）を使って、楽しみながら自然に、遠近法で絵を描けるように考えました。

ICT活用のための準備

　今回の授業のために、遠近が分かるように色々な角度から撮影した校舎の写真を何枚か用意しました。そして、その写真をサーバーに保存しどの児童からも見ることができるようにしました。どのような作品を描くか、児童のイメージをふくらませるために、前年度の児童が描いた作品も数枚準備しました。
　また、レイヤー機能の使い方の説明資料をパワーポイントで作成しました。

実践の様子・児童の反応

　実際の授業では、まず、児童はどの写真が描きやすいか、どんな構図にするか、TPC上で何度も写真を貼りかえて試していました。

　構図が決まると、レイヤーを重ね、なぞり描きをしました。児童からは「TPCだと線を何度も消して描けるのがいい」という声があがっていました。

　なぞり描きをする途中、写真を取り外す機能を使って、今どれくらいかけているか何度も確認しながら描いていました。

　理解しにくい所では、作成したパワーポイントを何度も繰り返し提示し、やり方を確認しました。

　写真が貼ってあることで遠近が分かりやすくなり、大小や色の濃淡を自分で工夫して描いていました。

　休み時間や放課後も残って熱心に描き続ける児童も何人かいました。また、特別支援学級の児童も集中して取り組んでいました。

実践をふり返って

　レイヤー機能を使用して、楽しく分かりやすく遠近法を学ぶことができました。また、この実践を通して、将来写真の加工に必要なレイヤー機能のスキルも身につけることができました。

　できあがった作品は、線を入れたり色付けすることにより、それぞれに個性的で特徴がある作品に仕上がりました。

　特別支援学級では、この機能を使って似顔絵に挑戦し、絵に苦手意識のある児童もとても楽しんで作成することができました。

| 第3学年 | 算数 | 「小数」（東京書籍） |

8. 多様な考えに対応できるヒントシート

理解に応じて思考できるワークシート

3パターンのワークシートで多様な思考を行う実践です。TPC上で作業することにより小数の計算の意味が理解できます。

2 TPC編

授業で使用した教材

IWBで課題把握をする場面

実践の概要

　この実践は、第3学年算数「小数」の実践です。この学習は、小数の加減計算の仕方を、0.1の何こ分とみることで既習の整数の計算に帰着して考えることをねらいとしています。

　今までの授業では、小数の計算の意味を考える時、紙面上のワークシートに色をぬって考えさせていました。しかし、繰り上がりや繰り下がりの計算をするとき、0.1が10こ集まったら1になるという小数における十進数のしくみしっかりと把握できていない児童もいました。また、図や式を関連させて考えることに時間がかかっていました。

　そこで、図や式を関連させやすく、既習したことをできるだけ活用できるように、また、理解に応じて意欲的に考えることができるようにTPC上で使う3種類のデジタル教材を作成しました。学習課題には身近な題材を用い、誰もが見通しをもち楽しみながら学習に入れるようパワーポイントで問題を提示しました。ワークシートは十進数のしくみが把握しやすいように0.1が操作できるリットル図や数直線、そして自由に式や言葉で考えることができるようなシートを作成しました。

ICT活用のための準備

　今回の授業のために準備をしたのは、エクセルで作成したワークシートとパワーポイント資料です。パワーポイント資料は、問題の場面・場面が少しずつでてくるように、そして量感を

とらえやすいように作成しました。

　ワークシートは3種類で、リットル図や0.1Lが自由に動かせ必要な数だけ出せるようにしたものと、数直線を貼り付けたシート、そして自由にかけるシートの3種類です。シートにはペン機能があるので図や式や言葉を関連づけながら考えをかき込むことができます。

　学習活動に入る前に、授業支援システムで児童用TPCに配布し、ワークシートの使い方を簡単に説明した後、学習活動に入りました。全体検討ではアクティブスクールを使ってIWBに個人のシートを転送しました。

実践の様子・児童の反応

　パワーポイントを活用することで、興味を持って意欲的に課題に取り組むことができました。また、見通しを持って課題解決に臨むことができました。3種類のシートを用意することで、自分が考えやすいシートから取り組むことができ、短時間に色々な思考をすることができました。リットル図のシートでは、0.1Lを必要な数だけ出せたり、拡げたりすることができたので量感としてとらえやすく、思考しやすかったようです。シートを利用することで、0.1をもとにすると整数のたし算でできることが容易に理解できたようです。算数に苦手意識をもっている児童も意欲的に取り組むことができました。ペアトークでは、TPCの画面をみせ、図と式と言葉を関連させながら、生き生きと自分の考えを説明することができました。全体検討もIWBに転送することで、意図した考え方を全て発表させることができました。この転送によって発表が短時間でできるメリットが生まれます。また、友だちの発表を視覚・聴覚の両方でとらえることができるので、友だちの考え方やその意図が分かり、友だち同士で補足することができました。

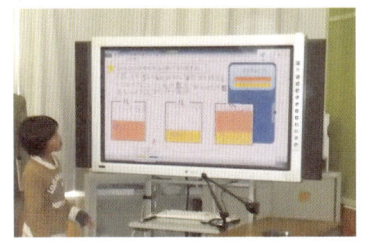

実践をふり返って

　今回のように、3枚のシートを使って思考していく活動は、児童の理解に応じて使い分けることができ分かりやすかったと思います。短時間で色々な考え方をする児童も多く、活動に満足できたのではないかと思います。リットル図で操作する活動は、どの児童にとっても分かりやすく0.1をもとにすると整数の計算でできることがよく分かったようです。また、図と式と言葉を関連づけることが容易にでき共通点を簡単に見つけることができました。分数の学習でもこのシートは有効だと思います。

第5学年　体育　「マット運動」

9.TPCを活用した体操個別練習

遅延再生を使ってマット運動を練習する実践

マット運動の演技直後に自分の演技を見て修正ポイントを把握し、運動の上達を助ける実践です。

授業で使用した教材　　　　　　IWBの前で教材の説明をする場面

実践の概要

　この実践は、第5学年体育「マット運動」の実践です。学習する単元は、基本的な回転技や倒立技に取り組み、それぞれについて自己の能力に適した技が安定してできるようにすることをねらいとしています。

　体育は児童に人気のある教科です。しかし、高学年になると「体育大嫌い」という児童も増えてきます。その理由は色々ありますが、1番はできないことだと考えます。そして、「どうすればできるようになるのか分からない。」「何を努力すればよいか分からない。」から体育嫌いになると考えています。その解決手段の1つに、自分の姿をビデオに撮り、それを見て動きを修正する方法があります。今では、スポーツ選手が自分のフォームや動きなどをビデオに撮りそれを見て練習をするのは、当たり前のように行われています。また、成果があることも誰でも知っています。しかし、小学校の体育の授業で日常的に行われているとは言えません。その理由は　①ビデオカメラやソフトが高価である。②授業の準備・片づけに手間がかかる。③機器の操作が難しかったり時間がかかったりする。④機器が少ないため順番待ちのロスタイムが大きい。などが考えられます。

　そこで遅延再生という安価で手軽に準備できる方法で児童に自分の姿を見られるようにすることで、マット運動のコツを理解させ、回転技や倒立技を安定して行うことができるようにしました。

ICT活用のための準備

　今回の授業のために準備したことは、TPCに①Windows liveムービーメーカー（無料ダウンロード）②Windowsメディアプレーヤーの2つのソフトをインストールしておくことです。その他準備したものは、Webカメラ・机・フレキシブルスタンドです。Webカメラは2000円ぐらいで購入できます。

　操作手順は①Windows live ムービーメーカーを起動します。　②Webカメラをパソコンに接続します。　③操作画面上の「Webcamのビデオの追加」をクリックします。　④「録画」ボタンをクリックして、録画を開始します。

⑤以下のフォルダ内のwmvファイルをWindowsメディアプレーヤーで開きます。Cドライブ　⇒　ユーザー　⇒　Administrator（管理者ユーザー名）⇒　AppData　⇒　Local　⇒　Local　⇒　Temp　⇒　wmvファイル　で遅延再生が始まります。

実践の様子・児童の反応

　実際の授業では、自分の課題の技をマットで練習し、その後すぐにパソコンの画面をのぞきこみます。およそ20秒後に画面の中に自分の先ほどの練習の様子が映ります。「おれこんなだったんだ。」と、初めて自分の側方倒立回転の様子を見たA君が驚きの声をあげました。自分の姿を見て初めて自分の動きが違うことに気付いたようです。

実践をふり返って

　自分の姿が見えるのは、マット運動の練習の大きな支援になりました。児童は映像を見て、修正するところや演技のコツを把握できるので、「こうやってみよう」と工夫し、意欲をもって練習するようになりました。しかし、繰り返し見ることができないことや、スローで再生できないことなど改良したい点もあります。また最近のTPCにはカメラ付きのものが増えています。より簡単に体育の授業にビデオ映像が生かせるようになり、運動のコツをつかめるようになると児童は体育を好きになると思います。

第5学年　社会　「情報産業とわたしたちのくらし」（東京書籍）

10. 動画を使った調べ学習

動画再生による調べ学習

TPCで実際の番組製作の様子の動画を視聴しながら、調べ学習をした実践です。個人のペースで視聴することができます。

使用した教材で調べ学習をしている場面　　　IWBの前で説明をする場面

🟥 実践の概要

　この実践は、第5学年社会「情報産業とわたしたちのくらし」での実践です。学習する単元は、放送、新聞などの情報産業と国民生活とのかかわりに関心をもって意欲的に調べ、これらの産業が国民の生活に大きな影響を及ぼしていることや、情報産業を通した情報の有効な活用が大切であることを理解するとともに、情報産業の発展に関心をもち、情報を有効に活用しようとすることを、ねらいとしています。本時の目標は「放送局からどのように情報が提供されているか、資料をもとに調べ、視聴者の立場に立った工夫をしていることを読み取ることができる」です。

　今まで通りの教科書を使った授業では、番組をつくる過程を写真から読みとり、つくる過程での工夫をインタビュー資料から読み取って考える指導展開となっています。その場合、「1時間のニュース番組をつくるのに8時間もかけて準備をします。」と書いてあっても、実際の様子を想像することは、児童にとってなかなか難しいことでした。

　そこで、NHKデジタル教材の番組を、教師用TPCのデスクトップ上に録画し、必要な部分のみを切り取り編集し、4分の動画を作成しました。そしてそれをTPCに配布しました。使用したのは、ロイロという簡単に編集作業ができるソフトです。気象予報士の一日に密着した動画から、視聴者に「正確に」「わかりやすく」伝えるためにどんなことを行っているかを調べる学習をしました。

ICT活用のための準備

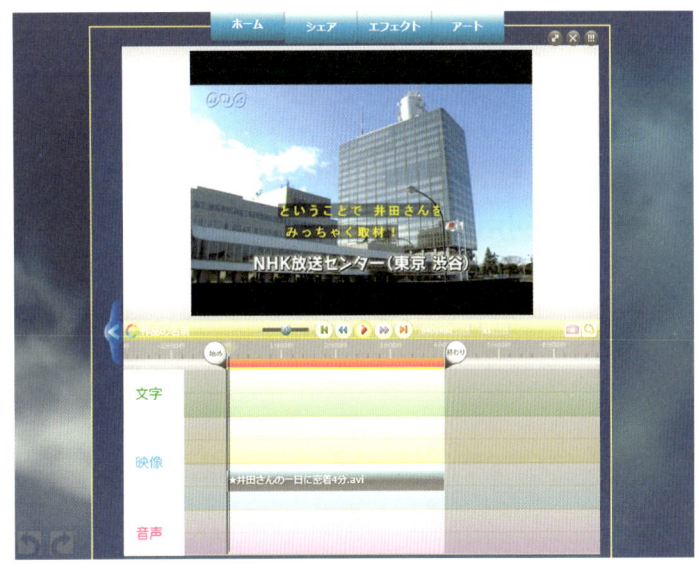

　今回の授業のために、NHKデジタル教材5年「社会のトビラ」を編集した動画教材を作成しました。この教材は、気象予報士の方の一日に密着取材した動画です。天気予報が放送されるまでに、気象予報士の方を始めとしたテレビ局の人はどのようなことをしているのか分かるようになっています。編集には、ロイロを使いました。

　学習活動に入る前に、各児童のTPCに動画を配布しました。容量が多かったので、それぞれのTPCに配布しました。容量が軽い動画であれば、共用サーバーに入れ、各自でTPCのデスクトップにコピーすることができます。授業ではMedia playerの使い方を説明した後、ボリュームを指定し、学習活動に入りました。

実践の様子・児童の反応

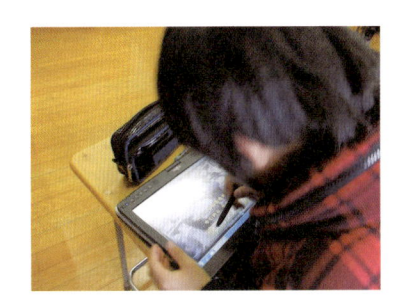

　実際の授業では、気象予報士の方の一日から、天気予報の作り手が具体的に何をしているのかを調べました。4分の動画の調べ学習に、時間を8分取りました。今回はヘッドフォンを使用せず、最小限度のボリュームと字幕を表示させて視聴しました。子どもたちは、必要なところで動画を一時停止し、メモを取りながら調べていきました。「ミーティングをしている」「本番直前まで原稿をチェックしている」「新しい映像を付け加える」など、たくさんの気付きが出されました。次に、「それらは何のためにしているのか。」と発問すると、「正確に」「わかりやすくするため」と考えることができました。

> **実践をふり返って**
> 　社会科の学習では、動画資料が非常に有効で、指導者用デジタル教科書の動画資料もよく活用されています。動画で調べ学習をする際、IWBに映してクラスで一斉に行うと、児童によってはメモが追いつかなかったり見逃したりすることもありますが、TPCを使うと個人のペースで視聴でき、どの児童も確実に行うことができます。動画の容量を軽くし、もっと簡単にTPCに配布することができると良いと思います。

第5・6学年　理科等　「メダカの誕生」（教育出版）等

11. オリジナルリンク集を使った調べ学習

リンク集を作って個人の学習をしっかり保障

TPCに検索してほしいURLを教師が事前に貼りつけ、調べ学習や個別支援に利用した実践です。

2 TPC編

授業で使用した教材 　　　　　板書で説明する場面

実践の概要

　この実践は、第5学年理科『メダカの誕生』での実践です。学習する単元は、メダカの観察を通して、生命の連続性について考え生命を尊重する態度を育てることをねらいとしています。学習を支えていく観察が非常に重要な単元です。

　本時は2時間目の授業です。前時に、メダカの卵がどのように育つのか学習し、実際に一人一人がメダカを育てていくことを予告しました。本時では、まずNHKクリップ『メダカの産卵と受精』の泳いでいるオスとメスが藻に卵をくっつけるところまでIWBで視聴し、「ペットボトルで育ててみよう。卵を産ませることができるかな。」と投げかけました。そして、「メダカが卵を産むためにはどのようなことに気を付けて飼えばよいのだろう。」というめあてを立て、調べ学習を行いました。

　今までは、図書室で調べたりインターネットで検索したりしていたのですが、実際のところ、児童数に比べ本の数が少なかったり必要な資料がなかったり、インターネット検索では必要なサイトにたどり着くまでに時間がかかり過ぎたり・・・と、時間のロスが多いわりには調べきれていないということがありました。

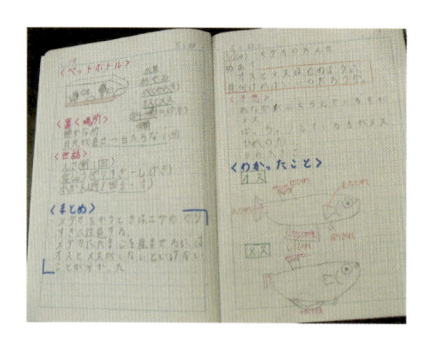

　そこで、効率的な調べ学習を行うため、事前に調べてほしいサイトのURLを貼り付けたリンク集を作ることを考えました。そして、TPC上で操作できるファイルを作成し、そのファイルからインターネットに接続して、ペットボトルを利用してのメダカの飼い方を調べていきました。

106　3章 ICT活用実践例

ICT活用のための準備

　今回の授業のために準備をしたのは、エクセルにURLを貼り付けたファイルです。児童に利用させたいサイトを教師が事前にインターネットで検索しておき、そのURLをコピーし、エクセルのセルをダブルクリックした後、貼り付けてEnterをクリックするとリンクの完成です。URLだけでは児童が検索する時に内容が分からないので、そのサイトの画像も貼り付けておきます。その作業を繰り返して、リンク集の完成です。学習活動に入る前に、授業支援システムで児童用TPCに配布し、各サイトの内容を簡単に説明した後、学習活動に入りました。

実践の様子・児童の反応

　予想通り、実際の授業でも、短時間でスムーズに中身の濃い調べ学習を行うことができました。特に各自がペットボトルで飼うという高い動機付けがあったので、「下に敷く小石がいるね。」「水草がないと卵を産まんよ。」など、熱心に必要事項を絵や文などにまとめていました。その後も一人一人がよくメダカの世話をし、たくさんの子メダカを誕生させました。

実践をふり返って

　今回のように、リンク集を作って調べ学習を行うことは大変効果的でした。個人の学習をしっかりと保障でき、充実したものとなりました。

　その他にも、動画やアニメーションを含めたリンク集を作って、5年理科『流れる水の働き』で「川の水はどのようにして周りの様子を変えていくのだろうか」とV字谷や扇状地・三日月湖を調べたり、「大雨が降るとどうして大きな災害が起こるのだろうか」とがけくずれや土石流・地すべりを調べたりしました。また、6年社会の戦争中のくらしや東京大空襲、「国際連合は本当に役に立っているのか」などの疑問や証拠を見つけたりする学習などにも、リンク集を活用しました。

　今回の教材を応用して、5年算数『図形の合同』の作図でもリンクを貼り付けたファイルを活用しました。このサイトでは、繰り返し『3種類の合同な図形の書き方』のアニメーションが流れます。作図している最中に分からなくなったら、TPCで確認しながら作図できます。一人一人への確実な手立てがあることで、安心して学習に取り組むことができました。

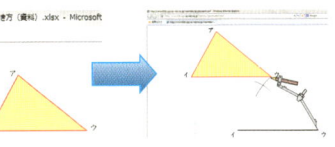

第3学年　総合的な学習の時間　「安全への知恵」（広教図書）

12. 情報モラルの指導

情報モラルについて考える実践

DVDを視聴して、個人情報とは何かを理解し、自他の個人情報を守るためにはどうしたらよいかTPC上のワークシートで自分の考えを表し、IWBに映し出してお互いの考えを交流し合いながら、情報モラルについて考える実践です。

授業で使用したTPC上のワークシート

DVDをIWBで視聴する場面

実践の概要

　この「個人情報を守る」という実践は、本校の情報教育年間計画に基づいた第3学年の総合的な学習の時間で行う情報モラル教育に関する実践です。

　学習する単元は、教材のDVD「個人情報を守る」を視聴し、不審な電話がかかってきた場合自分だったらどうするだろうか、なぜ登場人物は個人情報を教えてしまったのかその気持ちを想像させ、個人情報とは何か、これから自分や友達等の個人情報を守るためにはどうしたらよいかを考えることをねらいとしています。

　教科書のような紙の教材を使って読み取っていくのではなく、IWBでDVD教材を一斉に視聴させました。DVD教材は「課題意識を持たせる導入場面」「個人情報を教える展開場面」「個人情報とは何かまとめの場面」の三分割に編集しました。場面毎に視聴し、その度に、どういう場面か確認して板書し、登場人物の気持ちを想像したうえで、もし自分だったらどのように対処するか、考えを出し合いました。

　また、この教材の付録「キーシーン」掛図を加工したワークシートに、自分が登場人物だったら不審電話にどのように応答するのか、一人一人がTPCに自分の考えや思いを書きました。ペア学習で、隣の友達と意見交換をし、その後一斉学習では、発表者が書いたTPC上のワークシートをIWBに映して、互いの考えを交流し合いました。

　まとめとして、以前、学校から家庭に配布したお便り「電話番号等の個人情報流失に注意」のプリントを拡大提示し、今後自分たちは「個人情報」をどのように扱っていけばよいか、に

ついて考えました。

ICT活用のための準備

今回の授業のために準備をしたのは、教材であるDVD教材「個人情報を守る」（資料名：事例で学ぶNetモラル 広島県教科用図書販売株式会社）とワードで作成したワークシートです。

このDVD教材「個人情報を守る」をIWBで視聴する際、「課題意識を持たせる導入場面」「個人情報を教える展開場面」「個人情報とは何かまとめの場面」の三分割に編集しました。

また、この教材の付録「キーシーン」掛図を加工してワードでワークシートを作成し、本時の学習活動に入る前に、授業支援システムで児童用TPCに配布しました。

実践の様子・児童の反応

実際の授業では、児童は三分割に編集したDVD映像をIWBで視聴することにより、場面ごとの展開を的確にとらえることができました。また、個人情報を教えざるをえなかった登場人物の気持ちをよく想像することもできました。DVD映像に登場する人物の表情にも着目し、場面ごとの登場人物の気持ちをよく想像しました。また自分だったらどのようにするか考えを出し合うことも活発に行いました。

一人ひとりが書き込んだ自分の考えや思いをとなりの友達と見せ合ったり、授業支援システムの転送機能でIWBにTPCの画面を映し出して全体で共有したりすることができました。そういう活動を通して、個人情報を一人一人の児童がどのように守ればよいのかについて、深く考えることができました。

実践をふり返って

今の子どもたちの身の回りは、パソコンや携帯電話、スマートフォン等の情報機器が氾濫しています。今回の実践を振り返って、情報モラルの指導が今後も継続して必要であると感じました。特に、DVD等で視覚化されたものを視聴すると、「個人情報」という子どもたちにとってまだ身近でないことも、イメージしやすく身近にとらえることができます。また、子どもたちが、一人ひとりの考えを共有するためにTPCとIWBを効果的に活用することもよかったと思います。

第3学年　理科　「かげと太陽」（教育出版）

13. 学習者用デジタル教科書の三機能を活用した授業例

教科書・ノート・資料集機能を活用した実践

学習者用デジタル教科書の三機能を活用して、理科の実験・観察・記録を効率よく行い、学習活動の時間確保につながる実践です。

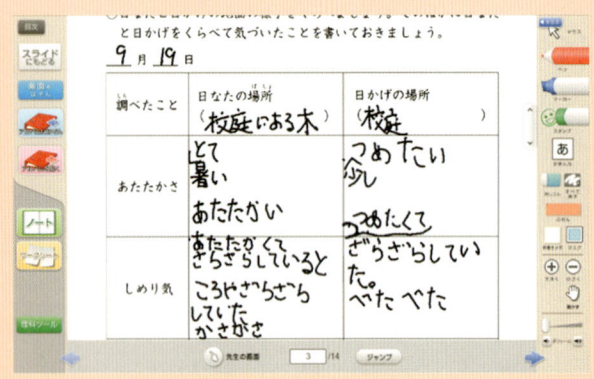

授業で使用した教材

TPCを使って野外実験を行う場面

実践の概要

　この実践は、第3学年理科「かげと太陽」の実践です。学習する単元は、温度計を使って日なたと日かげの地面の温度を調べ、地面の温度の違いとその変化を考えることをねらいとしています。

　この単元は、日なたと日かげの地面を実際に触ったり、温度計で温度を測ってみたり、記録を数字、グラフ、文章でまとめたりと、多くの学習内容と活動が設定されています。また、温度計や方位磁針を初めて使うため、実験器具の正しい使い方の学習も必要です。

　今までの授業では、教科書で実験計画や器具の使い方を確認した後、ノートと教科書を持って野外に出て実験や観察を行う、野外ではノートに記録しながら必要に応じて教科書で器具の使い方を確認する、教室に戻ってきてノートを集め、児童が記録した内容を確認し、必要に応じて事後指導を行う、といった流れで学習を進めます。この流れで学習を行うと、教科書を見てノートをかき、実験道具とノートと教科書を持って野外に出て、実験をしながらノートや教科書を見直しと、児童の活動がとても煩雑になってしまいます。実験内容の指導より、活動をスムーズに進めるための指導が多くなり、学習活動の時間を十分に確保できない場合もあります。

　そこで、学習活動の時間を十分に確保するため、学習者用デジタル教科書の教科書・ノート・資料集機能を活用した授業を組み立てました。課題と実験内容を学習者用デジタル教科書の写真で確認をし、実験結果を学習者用デジタル教科書のワークシートに書き込み、実験器具の使

110　3章　ICT活用実践例

い方をあらかじめ準備されているアニメーションで確認する活動を行いました。

ICT活用のための準備

　今回の授業のために準備をしたのは、学習者用デジタル教科書で児童が使う機能の確認です。

　児童が閲覧する学習者用デジタル教科書の教科書のスライドは、紙の教科書が部分ごとに提示された短冊形式となっています。そのため、事前に提示するスライドを編集し、授業に必要なスライドだけを提示できるようにします。

　また、児童が使用するワークシートが複数あるため、どの時間にどのワークシートを使用するか、確認しておく必要があります。

　実験器具の使い方を説明したアニメーションは、どのような説明内容で、どのくらいの時間がかかるかなどを確認しておくことで、授業で児童にどのようにアニメーション機能を使用させることができるか見通しを持つことができます。

実践の様子・児童の反応

　単元の初めに、学習者用デジタル教科書の使い方を指導する時間を十分に確保しました。最初、児童は学習内容の理解よりもTPCの操作の習得に時間がかかっていましたが、操作に慣れてくると、必要に応じて積極的に学習者用デジタル教科書の機能を使いこなしていました。器具の使い方を思い出すために自分でアニメーション機能を使ったり、ワークシートの内容を交流するために、送信機能を使って班の中でワークシートをやりとりしたり、教科書画面の実験手順のスライドを見ながら実験でポイントとなったことを復習したりと、学習内容の理解を図るのに効果的な使い方を自然に行っていました。

　単元終了後、児童からは「資料やワークシートを簡単に何度も見ることができて、勉強したことがよく分かった。」「TPCを使ったので、記録がまとめやすかった。」などの感想を聞くことができました。

実践をふり返って

　授業を始めたばかりのころは、3年生に学習者用デジタル教科書の各機能を操作させるのは時間がかかって難しいのではないか、と考えていました。でも、児童は使い方にすぐに慣れ、指導した以上の効果的な使い方ができました。学習者用デジタル教科書の機能の効果だけでなく、使ったことで効率的に学習が進み、その分多くの活動ができたことも有効だったと思います。

第4学年　算数　「広さを調べよう」（東京書籍）

14. 学習者用デジタル教科書のシミュレーションを活用した授業例

多様な思考ができる～切って移動できる面積図～

L字型の図形の求積を長方形や正方形を基にして考えることが容易にでき、実感しやすく、意欲的に取り組める実践です。

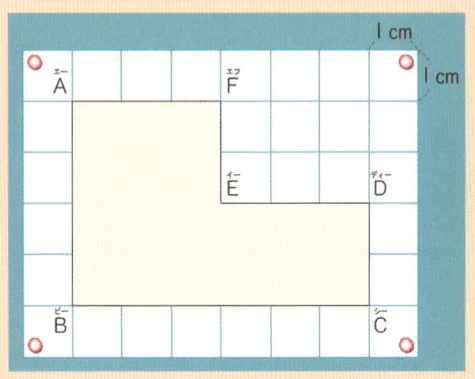

授業で使用した教材

授業のまとめをする場面

実践の概要

　この実践は、第4学年算数「広さを調べよう」の実践です。この学習はL字型の面積を求める授業で、既習の長方形や正方形を基にして求積していくことをねらいとしています。

　今までの授業では、紙面上のL字型の図形に線を引いて考えていましたが、移動できないのでイメージしたことが実感としてとらえにくいようでした。はさみを使うとなると作業に時間がかかります。また、課題解決の時間内にたくさんの考えができません。

　そこで、短時間で、楽しんで取り組むことができるように、また、イメージしたことがより実感でき、多様な考え方ができることをねらいとして学習者用デジタル教科書を使いました。学習者用デジタル教科書では、L字型の図形に直線を引くと切り離すことができ、この図形が二つの長方形の組み合わせでできていることが分かります。また、移動させて一つの長方形にすることもできます。ペン機能を使うとかき加えたり、色で分かりやすくしたりすることもでき思考や説明の手助けになります。

ICT活用のための準備

　今回の授業のために準備したのは、パワーポイント資料と学習者用デジタル教科書のシミュレーション機能です。パワーポイントの作成のねらいは、長方形をイメージできることと学習に興味関心をもてるようにするためです。L字型の図形の上にもう一枚のシートを貼り、少し

112　3章　ICT活用実践例

ずつL字型を見せていくようにしました。学習者用デジタル教科書のシミュレーション機能は、図形を切り離し移動させることができる機能です。課題解決や全体検討の時に使用しました。保存させれば一枚のシートを何回も使うことができ何種類もの考えをかくことができます。図や式や言葉で表現できるように書き込むこともできます。自分の考えを友達や教師のTPCに送ることもでき、TPCで児童のシートを見ることができます。

パワーポイント資料は導入時に使用し、学習者用デジタル教科書は本時の課題を提示した時に、シートの使い方の説明をしました。

実践の様子・児童の反応

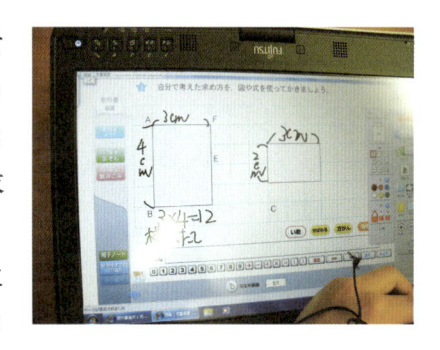

パワーポイント資料を使用した導入では、児童は興味深そうにIWBの画面を見ながら、長方形が組み合わさってできているという見通しをもつことができました。また、どのようにしたら解けるかという見通しについて既習の長方形の求積方法を生かせばよいと、意欲的に発表しました。

学習者用デジタル教科書のシートの使い方の説明も真剣に聞き、課題に意欲的に取り組むことができました。切ったり移動したりする作業もスムーズにでき短時間の中でたくさんの考えを発表しました。ペア学習も楽しそうに自分のおすすめの考えを発表し友だちに評価してもらっていました。

全体検討でもIWBに映し出された友だちの考え方を食い入るように見て、「自分と同じ。」「こんなやり方があるのか。」などと驚きの声をあげていました。また、友だちの考え方を理解し一生懸命説明していました。つなぎ発言もでき授業に広がりがみられた学習内容になりました。短時間で多種多様な考えを発表することができ、既習の学習をしっかりと生かすことができた学習になり本時のねらいが達成できました。

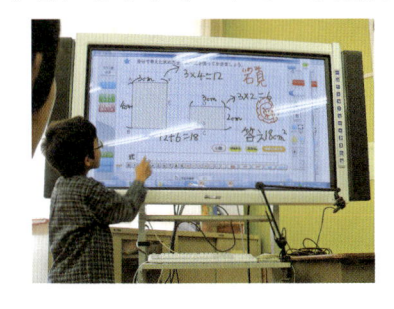

実践をふり返って

今回のように、図形を切り離し移動できる機能のある学習者用デジタル教科書を使うと、L字型の面積を求める活動を容易にさせ、長方形や正方形を基にして求められることをどの児童にも実感としてとらえさせることができたと思います。短時間でたくさんの思考ができどの子にも達成感を味わわせることができました。図形の面積を求める学習にはとても適しているデジタル教材であると思います。

| 学習者用デジタル教科書 | 第5学年 | 理科 | 「天気の変化」（教育出版） |

15. 学習者用デジタル教科書の動画を活用した授業例

動画で見れば　一目で分かる　雲の動き！

上から見下ろした雲全体の動きは、地球から雲を見上げている私たちには分かりません。"百聞は一見にしかず"・・・ICTの効果が実感できる実践です。

授業で使用した学習者用デジタル教科書のページ　　　動画に書き込みをする場面

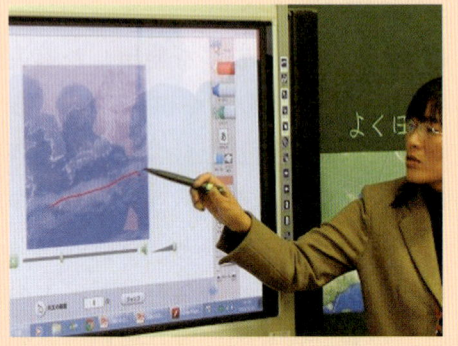

実践の概要

　この『天気の変化』は、実験・観察を重視する一般的な理科の単元と違い、様々な情報を読み解きながら天気の規則性を見つけていく単元です。目で見ての観察や教科書紙面の閲覧だけでは情報が限られますが、単元全体を通して学習者用デジタル教科書の理科ツールや動画などを活用することで、豊富な情報から学ばせることができました。その一例として、動画を活用した例を紹介します。

　本時の導入では、パワーポイントで『ある日の日本の雲画像』を見せ、「この画像から翌日の藤の木の天気が分かるか」と投げかけました。そして、そこから出た課題意識をもとに「どうすれば今日の雲を見て明日の天気を予想できるのだろうか。」というめあてを立てました。

　最初に、学習者用デジタル教科書にある『春夏秋冬及びつゆ・台風』の6つの動画を各自で視聴し、雲の様子について調べました。出た意見から「どの時期にも共通するきまりは何か」について班で話し合い、雲がおおよそ西から東へ動いていることを見つけました。

　次に、「天気も雲と同じように西から東に変わっていくはずだ」という児童の意見を受け、その証拠を学習者用デジタル教科書にある『広島と東京の天気』から見つけ、しるしをつけるよう指示しました。IWBに転送して確認後、NHKクリップ『天気の変化のきまり』を視聴しました。

　再び、導入で使ったパワーポイントへと戻り「翌日の藤の木の天気は何か」について学習したことを基にペア同士で説明を行いました。

最後に、「どんなきまりを使うとこれからの天気が予想できるのか」について各自で考察を行った後、クラスの考察をまとめて授業は終了しました。

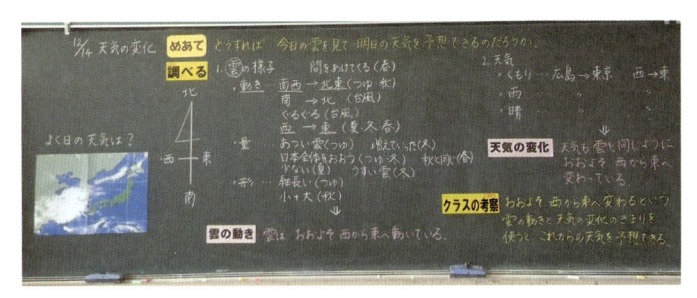

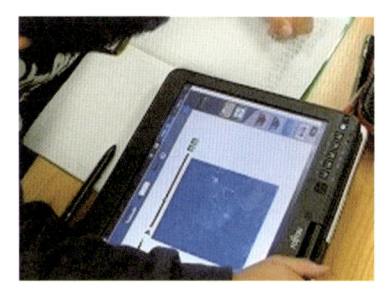

授業後の板書　　　　　　　　　　　　　　動画を視聴している場面

ICT 活用のための準備

今回の授業のため、事前に①『ある日の日本の雲画像』と『その翌日の日本の雲画像』のパワーポイントを作成し、②児童が、動画は〈先生の授業を受ける〉ボタン、『広島と東京の天気』は〈先生の画面〉ボタンからすぐ開けるように、必要なスライドのみ選んで学習者用デジタル教科書の児童画面に送付しておきました。

実践の様子・児童の反応

実際の授業では、児童は、指導者側が意図していた以上に多くの事柄を動画から読み取り、さまざまな言葉で表現していました。

また、個人のペースで視聴できるため、繰り返し見たり動画を止めてメモをとったりしている姿も多く見られました。発表場面においても、個人の意見を IWB で開いた動画にかき込んだりしながら全体で確認することができました。

最後の「翌日の藤の木の天気」についても、「雲は西から東に動くのだから曇りだと思うよ。」「濃い雲が来るから雨だよ。」など、全員がペアの相手に対して、学習したことを基にした説明を行うことができました。

学習者用デジタル教科書の、それぞれの季節の動画を1ヶ月分ずつ一度に見ることのできる効果は絶大だと感じました。全児童が、天気がおおまかに西から東へ変わっていくという規則性をすんなり見つけることができただけでなく、理解したことの定着も確かでした。

教科書紙面で処理しきれなかった情報が学習者用デジタル教科書には入っています。特に、実験・観察だけでは難しい単元においては、活用の効果が大きいと感じました。

> **実践をふり返って**
>
> 　学習者用デジタル教科書の、それぞれの季節の動画を1ヶ月分ずつ一度に見ることのできる効果は絶大だと感じました。全児童が、天気がおおまかに西から東へ変わっていくという規則性をすんなり見つけることができただけでなく、理解したことの定着も確かでした。
> 　教科書紙面で処理しきれなかった情報が学習者用デジタル教科書には入っています。特に、実験・観察だけでは難しい単元においては、活用の効果が大きいと感じました。

第6学年　**社会**　「世界の未来と日本の役割」（東京書籍）

16. 学習者用デジタル教科書のリンク集を活用した実践

学習者用デジタル教科書のリンク集を使った実践

課題について調べる時間を十分に確保するために、学習者用デジタル教科書にあるリンク集を活用した実践です。

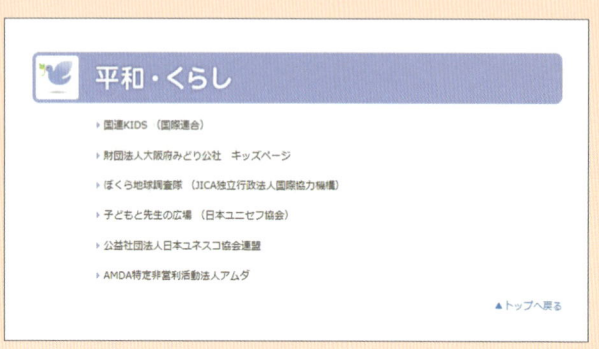

授業で使用したリンク集　　　　　調べ学習の様子

実践の概要

　この実践は、第6学年社会「世界の未来と日本の役割」の実践です。学習する単元は、国際連合の概要やユニセフ、ユネスコの活動の様子について理解することをねらいとしています。

　今までのような児童自身にホームページを探させる授業では、ホームページを探すのに時間がかかり、調べ学習を行う時間が十分に確保できないことがありました。また、見つけたホームページが必ずしも学習対象として適していない場合もあり、児童によっては、書かれてある内容を理解できないこともありました。

　そこで、ユニセフとユネスコの調べ学習では、学習者用デジタル教科書に準備されているリンク集を使用しました。リンク集には、あらかじめユニセフとユネスコのホームページがリンクされており、ホームページを探す手間が省け、それぞれの機関の活動を調べる時間の確保につながると考えました。

ICT活用のための準備

　今回の授業で使用したのは、学習者用デジタル教科書です。
　この教材には、各単元に合わせてあらかじめリンク集が作成されています。リンクされているホームページもあらかじめ小学生が読んでも理解できるような内容のものが準備されています。リンク集の数も、1時間の内容につき、1〜3個と限定されているので、児童がどれを調

べるか迷う必要がなく、1つのページをじっくり調べることができます。

　学習者用デジタル教科書自体は、児童は5年生の時から使っているので、特に事前に操作の指導をしなくても、調べ学習に取り組むことができました。

実践の様子・児童の反応

　実際の授業では、リンク集を活用し、短い時間で効率よくユニセフとユネスコの活動の様子を調べることができました。

　ねらい通り、ホームページを探す手間が省け、活動を調べる時間の確保につながりました。ユネスコのページもユニセフのページも、内容的には少し難しいものでしたが、どこに何が書かれているかが分かりやすく表記されていたため、文章の中に理解できない言葉があっても、見出しやキーワードで内容を理解することができました。どの児童も、時間いっぱい調べ活動を行い、メモを一生懸命とっていました。

　また、2つのホームページが提示されていたため、ユネスコを調べる活動で調べ方を習得し、ユニセフを調べる活動で調べ方を活用する、という段階的な指導ができました。書かれてある内容が難しいホームページも、「見出しを読み取る」「キーワードが書かれてあるところを探す」などの調べ方を事前に指導することで、必要な情報を取り出すことが容易になりました。ただ、児童によっては、限られた時間の指導だけでは、ホームページの調べ方が十分に身につかない児童もいたので、継続した指導が必要だと感じました。

実践をふり返って

　今回のように、あらかじめリンク集が作成されていることは、児童にとってはもちろんですが、教員にとっても事前準備を効率よく行えるというメリットがあると思います。関連するホームページは数多くあるので、学習に有効なホームページが事前に準備されているととても便利です。また、児童が見ているホームページは全員同じなので、必要な情報を取り出せていない児童への指導もやりやすかったです。

　学習者用デジタル教科書には、このようなリンク集が、社会だけでなく理科にもあるので、調べ学習の際には積極的に使っています。

第1学年 | 生活 | TPC 操作スキルの指導

17. 1年生への TPC 指導

はじめて使う TPC

TPC の出し方から、開き方、ペンの出し方、片付け方まで、一つ一つていねいに学習した実践です。

TPC の説明をする場面 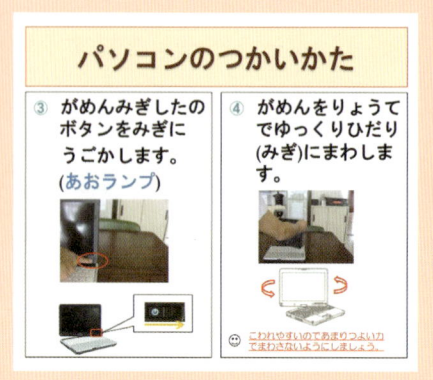　　使用したパワーポイント

実践の概要

　この実践は、第1学年生活科「TPC をつかってみよう」の実践です。初めて TPC を使う1年生の児童にとってドキドキわくわくの授業です。

　4月に入学して、小学校に慣れてきた6月頃に実施しました。はじめに、TPC がとても大切なものであること、学習で使う道具であることを確認しました。「学習用具をきちんと使える人が、学習の力も伸びます。鉛筆をきちんと削って正しく持つこと、ノートをやぶったりせず使うこと、消しゴムを筆箱にちゃんと片付けること。このような、学習用具の使い方が大切であるのと同じように、TPC の使い方も大切です。」と話しました。

　学習の流れは、大きく分けて以下の5つです。 
① TPC の出し方
　TPC は、保管庫の中に出席番号順にならんでいます。アダプターとつながっているので、はずしてから、自分の番号の TPC を取ります。持ち方は、必ず両手でしっかり持ちます。TPC を置く時に、鉛筆などの物がないよう、机の上は片付けさせておきます。
② TPC の使い方
　両手でゆっくり TPC を開きます。ラッチを

たおして、画面を180度回して閉じると、TPCがタブレット型になります。カチッと音がするまで、閉じさせます。
③ペンの使い方
　ひもの根元を持って、ゆっくり引きます。話を聞く時など、ペンを使わないときは片付けます。
④パソコンの終わり方
　開き方と同様の手順で、終わります。ペンのひもをキーボードの上に置き、TPCの間にはさむようにします。
⑤パソコンのしまい方
　出し方と同様の手順で、片付けます。保管庫に入れる向きをそろえ、アダプターがつけられるようにします。アダプターがきちんとついて、充電できているか確認します。

ICT活用のための準備

　今回の授業のために準備をしたのは、IWBで使用した、説明用のパワーポイントです。
　このパワーポイントは、低学年でも分かりやすいように、動作一つ一つの写真を載せてあります。TPCの小さい部位などは拡大したり、矢印で場所を示したりしています。

実践の様子・児童の反応

　児童は、初めてのTPCに、少し緊張し、ドキドキわくわくしていた様子でした。1年生にとっては少し重たいTPCを、落とさないように両手でしっかり持っていました。TPCの電源が入り、画面がつくと、大歓声があがりました。これから学習で使用することに、期待に胸をふくらませていました。

> **実践をふり返って**
> 　TPCを初めて使う場合は、ていねいに使い方を一つ一つ指導することが大切だと思います。実物やIWBの画面を見せながら、児童が正しく使えるために、分かりやすく説明できると考えます。はじめに、正しい使い方や規律を全児童に徹底することで、学年があがっても、担任がかわっても、校内で統一した指導ができます。

第4.5.6学年　学校行事

18. タイピング練習促進のための環境作り

キーボード選手権

キーボード選手権を通してタッチタイピングをマスターする実践です！

授業で使用した教材　　　　　　　　キーボード選手権の説明の場面

実践の概要

　ローマ字入力のタッチタイピングは3年生で学習します。タブレットパソコンでペンの使用には慣れてきた児童ですが、合わせてタッチタイピングのスキルも身に付けさせようと、校内で話し合いました。
　タッチタイピングのスキルを身に付けると、速く文字入力ができるようになり、児童の自信にもつながり、将来必ず役に立つと考えました。

ICT活用のための準備

　1階ホールに、パソコンとデジタルテレビを使って、練習用のコーナーを作りました。
　公平を期すために、日常使用しているキーボード練習用のソフトではなく、ジャストスマイルのキーボードファイター「ばんばんバーン」を使用することにしました。
　4年生以上の各クラスから、選手権に参加したい児童を募集しました。選手権前に、参加児童一人ひとりのエントリーカード（学年・名前・打った単語の数）を作っておきました。

120　3章　ICT活用実践例

実践の様子・児童の反応

　キーボード選手権は１階ホールで行いました。参加児童はもちろん、応援の児童や先生方が１階ホールに集まって、にぎやかな中で行われました。参加児童は、パソコン画面の宇宙から飛んでくる岩の前面に書いてある文字に目を凝らし、真剣にタイピングしていました。中にはブラインドタッチのできる児童もいます。終わった後も「もう１回させて。」と意欲満々です。エントリーカードに打った単語の数を記入して、数の多い順に並べ掲示しました。

　体育館で行われる児童朝会でも行いました。全校児童がシーンと見守る中、文字が入力される度にバーンと岩が弾ける音に低学年の児童は驚き、「速く、がんばれ」の声援を送っていました。打った単語の数が映し出されると、「すごい！！」の羨望の眼差しが送られました。

　キーボード選手権に参加した児童には、校長先生から賞状が贈られました。満足そうな笑顔が印象的でした。

実践をふり返って

　このようなキーボード選手権を行うことで、タッチタイピングを覚え、とても速く文字入力ができるスキルを身に付けた児童が増えてきました。しかし、速く入力しようとするために、手元をみて入力する児童や、指を間違える児童がいることも分かり指導しました。

　高学年の児童は朝の会や、雨の日を活用して積極的にタッチタイピングに取り組むようになり、自信を付ける児童も多くなりました。

　低学年の児童もとても興味をしめし、「４年生になったら選手権に出られるよね」と言って尋ねる児童もいました。

　この取組を通して、６年生の総合的な学習の時間での作品づくりや、通常の授業での文字入力では困らなくなり、時間を短縮する効果がありました。

　この取組で身についたスキルが中学にあがっても継続される環境づくりが大切だと感じました。

第6学年　家庭　家庭学習

19. 家庭学習で活用するTPC

児童がTPCを自宅に持ち帰って学習する実践

TPCで長期休業中の宿題を行う取り組みを通して、児童が自宅でTPCを使って学習するメリット、持ち帰るために必要なことを明らかにする実践です。

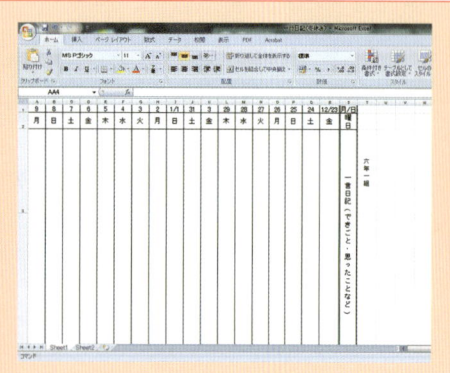

使用した教材　　　持ち帰らせるための指導をしている場面

実践の概要

　この実践は、第6学年で長期休業を利用してTPCを自宅に持ち帰り、家庭学習の一部をTPCで行うことに試行的に取り組んだ実践です。夏季休業中の宿題のうち、漢字練習と社会の復習問題、作文を、TPCを使って行うこととしました。

　本校では、これまでTPCは校内で使用するのみでしたが、将来的に、児童がTPCを持ち帰って使用することを想定して、6年生を対象に、試行的にTPCを持ち帰らせる取組を行いました。

　TPCを持ち帰らせるにあたって、まずは使い方の確認を行いました。電源の入れ方・切り方はもちろん、充電するためのACアダプターのつなぎ方や保管する時の袋への片づけ方を確認し、自分たちでTPCを保管管理させる意識を持たせました。

　続いて、使用するソフトの確認をしました。漢字練習と社会の復習問題は、学校でも使っている「手書きドリル」を使い、宿題をするページの範囲を説明しました。

　作文は、ワードを使い、原稿用紙の枚数を指定してキーボードを使って書き込ませました。宿題の一部をTPCで行うことは、児童にとっては、宿題を紛失する心配がなく管理が簡単で、提出忘れを防ぐことができる、教員にとっては、答え合わせを確実に行うことができ、児童が宿題を行っているかどうかを簡単に把握することができる、というメリットがあると考えました。

2 TPC編

3章　ICT活用実践例

ICT活用のための準備

　今回の実践を行うためには、TPCの環境整備が必要でした。今回使用したソフトのうち、「手書きドリル」は、ネットワークを介して作動していたため、まず、ソフトをTPCのハードディスク内に保存し直す作業が必要でした。また、社会の復習問題は、今回の取組に合わせて問題を新たに作成する必要がありました。どちらの作業も、児童のTPC 1台ごとに行わなければいけなかったので、今回は、事業者である富士通総研の方々にお手伝いいただきました。

　また、作文の宿題については、教師が作成した原稿用紙型のシートを事前に児童に配布し、保存場所を確認しました。学校でTPCで作成したデータを保存する時は、サーバー上に保存していたので、いつもと違う場所のローカルに保存することを確認する必要がありました。

　このように、学校と家庭でのTPCの環境が異なるため、両方でうまく使えるようにするためには、上記のようないくつかの準備が必要でした。

実践の様子・児童の反応

　児童は、学校で使っているTPCを自宅でも使えることにとても喜んでいました。TPCで宿題ができるということ自体がうれしかったようですし、また、漢字練習や作文など、鉛筆で書く作業をTPCで行うことで、いつもよりも宿題がやりやすかったという声もありました。ただ、やはり、学校と自宅でTPCの環境が異なるため、ソフトがうまく動かず、課題をスムーズに行えなかったという声もありました。ソフトをローカルでもうまく動くように設定したつもりだったのですが、答え合わせの機能がうまく作動しなかったり、書いた作文を保存した場所が分からなくなったりするなど、機械的なトラブルと人的なトラブルの両方がありました。また、機械の破損もあり、実際に、児童が自宅へTPCを持ち帰って使用するためには、環境整備や自宅での使い方のルールなど、事前に準備しておくことがあると感じました。

> **実践をふり返って**
>
> 　児童が自宅にTPCを持ち帰って学習する取組を行って、TPCの新たな使い方の可能性を感じました。自宅にTPCを持ち帰ることができれば、学校で行った学習が自宅につながり、さらに学校につながる、という学校での学習と家庭での学習の接続に効果があると思います。デジタル特有の、履歴が残る、ファイルを一括で配布・回収することができる、ということも、非常にメリットを感じました。一方で、持ち帰りをさせるために必要なこともいくつか明らかになりました。この辺りのことを整理することで、今後のTPCの新たな使い方を考えていきたいと思います。

| 全校児童 | 学校朝会 | 「生活目標」の指導 |

1. 学校朝会でのICT活用

今月の「生活目標」のプレゼンテーション

学校朝会で、パワーポイントを活用し、今月の「生活目標」について分かりやすく指導した実践です。

使用した教材　　　　　　　　　スクリーンの前で指導する場面

3 その他

実践の概要

　新しい月になると、その月の「生活目標」について担当の教員が学校朝会で児童に指導をしています。この実践は、6・7月の目標である「だまって移動（右側通行）、だまってそうじ」について指導した時の実践です。
　学校朝会で話をするにあたって、どのようにしたら児童に印象付けることができるか、どのようにしたら最後まで集中して話を聞かせることができるかということを考えた結果、パワーポイントを活用し、プレゼンテーションをすることにしました。
　まず、「だまって移動（右側通行）、だまってそうじ」という目標に取り組ませるためには、その目標に向かって努力すると、こんなに良いことがあるのだということを具体的に示す必要があると考えました。そこで、児童の様子を写真撮影し、パワーポイントに取り込み、吹き出しや見出しも入れ、様子やこちらの意図が詳しく分かるように作成しました。
　指導にあたっては、右側通行している様子や掃除に集中している様子等の具体的な場面を提示し、その後の様子を想像させるようにしました。最後のまとめとして、この目標を達成させると、こんな良いことがあるという具体例を挙げました。

ICT活用のための準備

　今回の実践のために準備をしたのは、目標に関わる児童の画像とパワーポイントで作成した

ファイルです。

　あらかじめ手本となりそうな児童の様子をいくつか撮影し、パワーポイントに取り込みました。こちらの意図を効果的に伝えるために、アニメーションや吹き出しを使い、最後まで児童が飽きることのないようにしました。

　また、体育館のスクリーンに映すので、プロジェクターとノートパソコンも準備しました。

実践の様子・児童の反応

　学校朝会では、体育館にある大きなスクリーンに映しました。児童は集中して話を聞いていました。特に、静かに移動している場面や掃除をしている場面では、自分や知った友達の身近な様子が大きく映し出されるので、興味を持って話を聞くことができました。また、内容に関しても理解が深まったようで、こちらの問いかけに対してもしっかりと反応することができました。

　始めは「今月の生活目標は何だったっけ。」と言っていた児童も最後にはきちんと言えるようになりました。

使用した教材（まとめの場面）　　　　　　　集中して話を聞く児童

実践をふり返って

　学校朝会のような場で、全校児童を対象とした指導をする際には、今回のパワーポイントを使った指導は有効だったと思います。話を聞くだけではなく、色々な場面の画像を見せたり、その場面に合わせた見出しや吹き出しを入れたりすることによって、児童は内容に注目しやすくなったと思います。その日の掃除時間には、それまでより一生懸命取り組む児童の姿が見られました。特に、良い例として紹介された児童たちは、一層掃除に励むようになり、目標に対する意欲につながりました。この実践の後、「右側通行」「だまって掃除」という言葉を児童から聞くようになり、嬉しく感じました。

参考文献

	論文・書籍等	発行者	タイトル	発行年月日
1	日本教育情報学会年会論文集 vol 27	日本教育情報学会	情報通信技術で学びは変わるのだろうか	2011年8月20日
2	教室の窓	東京書籍	フューチャースクールの実証を通して見えてきたこと（座談会）	2012年4月1日
3	月刊 生涯学習	国政情報センター	「学びのイノベーション事業」実証校の事例	2012年9月1日
4	視聴覚教育 vol.782	日本視聴覚教育協会	フューチャースクールの挑戦 －協働学習に生きるICT－	2012年12月1日
5	教職研修	教育開発研究所	フューチャースクールの挑戦－教師のICTを促進する研修体制の工夫－	2012年12月1日
6	日本教育工学会研究報告集 13（1）	日本教育工学会	フューチャースクール藤の木小学校における実践と成果	2013年3月2日
7	日本教育工学会論文誌	日本教育工学会	フューチャースクール藤の木小学校における自作教材の分析	2013年9月13日
8	学習情報研究	学習ソフトウェア情報研究センター	動画から天気の変化のきまりを見つける	2013年11月10日
9	教育研究	初等教育研究会	フューチャースクールでのICT活用	2014年2月1日
10	学習公開・初等教育研修会	筑波大学附属小学校	1人1台情報端末を活用したフューチャースクールの実践	2014年2月13日

使用教材

ソフト名		発行者
指導者用デジタル教科書	1年国語	東京書籍
	1年算数	
	3年算数	
	5年国語	
	5年算数	
	5年社会	
	6年書写	
	5年国語	
	3年理科	教育出版
Excel		Microsoft
Word		
PowerPoint		
OneNote		
マウスミスチーフ		
フォトビューアー		
Media Player		
live ムービーメーカー		

ソフト名		発行者
学習者用デジタル教科書	4年算数	文部科学省
	3年理科	
	6年理科	
	6年社会	
スクールプレゼンター		内田洋行
アクティブスクール		
漢字デジドリル		教育同人社
手書き漢字ドリル		富士通北海道システム
ジャストスマイル		ジャストシステム
ばんばんバーン		
ロイロエデュケーション		株式会社 Loilo
NHKデジタル教材		NHK
事例で学ぶNetモデル		広島県教科用図書販売
SignalNowExpress		ストラテジー株式会社
ポケモンPCチャレンジ		任天堂・クリーチャーズ・ゲームフリーク
ヤルッキータイマー		
★HPリンク先		16

おわりに—感謝をこめて

　本校は、平成26年3月31日で、平成22年度からスタートした「フューチャースクール推進事業」、平成23年度からスタートした「学びのイノベーション事業」の実証研究校としての役目を終了いたしました。

　「藤の木小学校の取組を出版してはどうだろうか」という思いは、平成24年度後半から膨らんでいました。監修者である堀田先生にも機は熟したとお勧めいただき、約9か月間の準備を経て、ここに、藤の木小学校4年間の実践研究のまとめとして本冊子を出版いたしました。実践研究を導き支えてくださった、総務省・文部科学省の皆様、中国総合通信局の皆様、講師・指導者の皆様、広島市教育委員会はもとより、富士通総研・内田洋行をはじめとする各事業者の方々に、心から感謝申し上げます。

　出版の目的には、以下の3つを掲げました。

研究指定校としての使命を果たすこと

　この4年間で、藤の木小学校に投じられた資源（ひと・もの・こと）は、本校に課せられた「未来の学校」のありようの具現化という使命への投資であると考えました。出版をもって、その使命・期待への応えとしたいと思います。

ICT活用教育実践のモデルとなること

　教育の情報化の理念に基づき、国家戦略として一人一台の情報端末を活用したICT教育が、近い将来全国的に展開されるであろうことが予想されます。そこで、本校の取組が少しでもICT教育実践のモデルとされるよう、形に残しておきたいと思います。

感謝を伝えること

　この4年間の歩みは、本校教職員一人一人の精一杯の努力の足跡でもあります。苦労はありましたが、それ以上にやりがいと喜びを味わうことができました。そのような仕事に携わることができたことへの感謝を形にしたいと思います。特に、4年間共に歩んできた子どもたち、学校に信頼を寄せ支えてくださった保護者・地域の方々への深謝の気持ちをこめました。また「ICTは道具である・ICTを使いこなすのは人である」の立場で実践研究を進め、その道具を活用して本校教育は充実しました。今や古めかしささえ醸し出している物言わぬTPCへも感謝です。

　平成26年度は、広島市教育委員会の支援を得て本校のICT環境は維持され、その活用実践を広島市に一層広めていくことが期待されています。新たな使命を担いつつ、本校が目指すべき方向を見極めながら、今後も地に足のついた実践を積み重ねてまいりたいと思います。

　最後になりましたが、出版に際して御高配を賜った文部科学省生涯学習局情報教育課、総務省情報流通行政局情報通信利用促進課、快く原稿をお寄せくださった皆様、懇切丁寧に導いてくださった監修　堀田龍也先生、教育同人社の皆様に心から感謝申し上げます。

広島市立藤の木小学校教頭　島本圭子

研究同人

平成 22 年度

堀　達司　重藤直美　青山雪江　橋羽一枝　中川潤一　福島由視　丸山真数美　鈴尾修司　森脇晴美　鹿取恵美子
有馬朝路　藤野直美　中平禎子　渡辺洋子　長岡　茂　河野　隆　森重朋美　石井美和　井城由美子　小原民義
濱西洋子　落田隆介　宮崎和真　大多和紀之　道原宏美　岡本眞理子　峯島崇征　後藤良子　田中正子　松本真美恵
上山慎司　前岡すみ江　濱松ひとみ　田中紀子

平成 23 年度

堀　達司　島本圭子　青山雪江　橋羽一枝　植田秀夫　福島由視　丸山真数美　鈴尾修司　藤野直美　横山育美
鹿取恵美子　石橋まり子　濱西洋子　森重朋美　中平禎子　長岡　茂　渡辺洋子　佐々木志保　小原民義　小島史子
有馬朝路　落田隆介　井城由美子　岡本眞理子　峯島崇征　後藤良子　山本千香　川本英明　延近佐織　前岡すみ江
田中紀子　松本真美恵

平成 24 年度

堀　達司　島本圭子　青山雪江　橋羽一枝　三倉久美　登米美智子　植田秀夫　福島由視　足立美菜子　鈴尾修司
黒田順子　藤野直美　佐々木志保　鹿取恵美子　石橋まり子　諸井美紗　森重朋美　渡辺洋子　大島裕子　中平禎子
有馬朝路　丸山真数美　小原民義　小島史子　落田隆介　長岡　茂　益見美沙　延近佐織　岡本眞理子　峯島崇征
酒井　諒　キース-エルドリッジ　前岡すみ江　田中紀子　松本真美恵

平成 25 年度

森川康男　島本圭子　前田久爾　橋羽一枝　植田秀夫　福島由視　津村三津子　丸山真数美　鈴尾修司　甲斐路子
藤野直美　佐々木志保　鹿取恵美子　大島裕子　岡田新子　諸井美紗　中平禎子　渡辺洋子　足立美菜子　川崎　悠
小原民義　有馬朝路　小島史子　山中葉子　長岡　茂　益見美沙　延近佐織　岡本眞理子　キース-エルドリッジ
前岡すみ江　田中紀子　松本真美恵

（敬称略）

≪監修≫堀田龍也（ほりた　たつや）　玉川大学教職大学院・教授

1964 年生まれ。東京学芸大学教育学部卒業、東京工業大学大学院社会理工学研究科修了。博士（工学）。
東京都公立小学校・教諭、富山大学教育学部・助教授、静岡大学情報学部・助教授、独立行政法人メディア教育開発センター・准教授、文部科学省・参与等を経て、現職。
日本教育工学協会会長。2011 年文部科学大臣表彰（情報化促進部門）。専門は教育工学、情報教育。
中央教育審議会初等中等教育分科会教育課程部会「道徳教育専門部会」委員、同「情報活用能力調査に関する協力者会議」委員、同「学校教育の情報化に関する懇談会」委員、同「教育研究開発企画評価会議」協力者等を歴任。
著書に『管理職のための「教育情報化」対応ガイド』（教育開発研究所）、『すべての子どもがわかる授業づくり─教室で ICT を使おう』（高陵社書店）、『フラッシュ型教材のススメ』（旺文社）など多数。

所属及び参考資料は、2014 年 3 月 31 日現在です。

藤の木小学校　未来の学びへの挑戦
フューチャースクール推進事業・学びのイノベーション推進事業　実証研究校の歩み

ISBN　978-4-87384-161-8
2014 年 4 月 1 日　初版発行
監　修　堀田龍也
著　者　広島市立藤の木小学校
発行者　森　達也
発行所　株式会社　教育同人社　www.djn.co.jp
　　　　〒170-0013　東京都豊島区東池袋 4-21-1 アウルタワー 2F
　　　　TEL　03-3971-5151　　Email　webmaster@djn.co.jp

装丁・デザイン・印刷・製本　加藤文明社